Autoconciencia

SERIE INTELIGENCIA EMOCIONAL DE HBR

Serie Inteligencia Emocional de HBR

Cómo ser más humano en el entorno profesional

Esta serie sobre inteligencia emocional, extraída de artículos de la *Harvard Business Review*, presenta textos cuidadosamente seleccionados sobre los aspectos humanos de la vida laboral y personal. Estas lecturas, estimulantes y prácticas, ayudan a conseguir el bienestar emocional en el trabajo.

Mindfulness
Resiliencia
Felicidad
Empatía
El auténtico liderazgo
Influencia y persuasión
Cómo tratar con gente difícil
Liderazgo (Leadership Presence)
Propósito, sentido y pasión
Autoconciencia
Focus
Saber escuchar
Confianza
Poder e influencia
IE Virtual
Energía y motivación

Otro libro sobre inteligencia emocional de la *Harvard Business Review*:

Guía HBR: Inteligencia Emocional

Autoconciencia

SERIE INTELIGENCIA EMOCIONAL DE HBR

Reverté Management
Barcelona · México

Harvard Business Review Press
Boston, Massachusetts

Autoconciencia
Serie Inteligencia Emocional de HBR
Self-Awareness
HBR Emotional Intelligence Series

Loreto 13-15, Local B. 08029 Barcelona - España
revertemanagement.com

6ª impresión: marzo 2023

Edición en papel
ISBN: 978-84-17963-00-2

Edición en ebook
ISBN: 978-84-291-9534-7 (ePub)
ISBN: 978-84-291-9535-4 (PDF)

Editores: Ariela Rodríguez / Ramón Reverté
Coordinación editorial: Julio Bueno
Traducción: Xantal Aubareda Fernández
Maquetación: Patricia Reverté
Revisión de textos: Genís Monrabà Bueno

Impreso en España - *Printed in Spain*
Depósito legal: B 22788-2019

Impresión: Liberdúplex, S. L. U.
Barcelona - España

27

Contenidos

Autoconciencia

SERIE INTELIGENCIA EMOCIONAL DE HBR

1

El primer componente de la inteligencia emocional

Daniel Goleman

La autoconciencia es el componente más importante de la inteligencia emocional; esto tiene sentido si tenemos en cuenta que, miles de años atrás, el oráculo de Delfos ya aconsejaba el famoso «Conócete a ti mismo». La autoconciencia implica tener un conocimiento profundo de nuestras emociones, fortalezas, debilidades, necesidades e impulsos. Las personas con una autoconciencia fuerte no suelen mostrarse demasiado críticas ni suelen alejarse de la realidad con su optimismo. Al contrario, son personas honestas con ellas mismas y con los demás.

Las personas con niveles altos de autoconciencia reconocen cómo sus sentimientos les afectan a ellas mismas, a los demás y a su rendimiento en el trabajo. Así, una persona que se conoce a sí misma y que sabe que las fechas límite le afectan negativamente planeará su agenda con cuidado y hará su trabajo con tiempo. Otra persona con un nivel alto de autoconciencia podrá trabajar con un cliente exigente, porque entenderá no solo el efecto que el cliente puede tener en su estado de ánimo, sino también las razones más profundas de su frustración. «Sus exigencias triviales nos apartan del trabajo que realmente hay que hacer», podría argumentar. Es más, una persona con un alto nivel de autoconciencia irá un paso más allá transformando el enfado en algo constructivo.

La autoconciencia significa que una persona conoce sus valores y sus objetivos. Alguien que es muy consciente de sí mismo sabe dónde se dirige y por qué. Así pues, podrá mostrarse firme a la hora de rechazar una oferta laboral económicamente tentadora, pero que no encaja con sus principios o con sus objetivos a largo plazo. Una persona que carece de autoconciencia acostumbra a tomar decisiones que pueden crearle debates internos porque atentan contra valores muy arraigados en él. A los dos años de aceptar un trabajo podría decir: «Firmé porque el sueldo estaba muy bien, pero el trabajo me aporta tan poco que me aburro». Las decisiones que toman las personas con autoconciencia concuerdan con sus valores; precisamente por esto suelen pensar que el trabajo les resulta energizante.

¿Cómo puede uno reconocer la autoconciencia? Ante todo, se muestra como el candor y la capacidad de evaluarse uno mismo de manera realista. Las personas con un nivel alto de autoconciencia son capaces de hablar con precisión y abiertamente —que no de manera efusiva o a modo de confesión— sobre sus emociones y el impacto de estas en su trabajo. Por ejemplo, una directora que conocí se mostraba escéptica ante el servicio de asesor personal de compras que su empresa, una importante cadena de centros comerciales, estaba a punto de introducir. Sin que su equipo ni su jefe se lo pidieran, les dio una explicación: «Me resulta difícil respaldar el lanzamiento de este servicio porque, en realidad, quería llevar yo el proyecto, pero no me seleccionaron. Tengan paciencia conmigo mientras no lo resuelva». Su jefe analizó los sentimientos de su empleada y, una semana después, ella ya estaba totalmente comprometida con el proyecto.

Este conocimiento de uno mismo a menudo se muestra en el proceso de selección. Pregúntale a un candidato que describa una ocasión en la que se dejó llevar por sus sentimientos e hizo algo de lo que, más tarde, se arrepintió. Los candidatos con autoconciencia serán honestos y admitirán haberse equivocado —y seguramente lo harán con una sonrisa en la boca—. Uno de los sellos distintivos de la autoconciencia es un sentido del humor muy crítico consigo mismo.

También se puede identificar la autoconciencia durante las evaluaciones de rendimiento de los empleados. Aquellos con autoconciencia conocen sus limitaciones y fortalezas —y se sienten cómodos hablando de ellas—, y a menudo muestran interés en recibir una crítica constructiva. Por el contrario, aquellos con una autoconciencia baja pueden interpretar un consejo de que deberían mejorar como una amenaza o una señal de fracaso.

También se puede reconocer a las personas con autoconciencia por la confianza en sí mismas que demuestran. Conocen muy bien sus capacidades y son menos propensas a caer en el fracaso, por ejemplo exigiéndose demasiado en un proyecto. Saben, también, cuándo pedir ayuda. Además, los riesgos que toman en el trabajo están muy bien calculados. No solicitarán un reto que saben que no podrán manejar solos. Siempre jugarán según sus fortalezas.

Veamos las acciones de una empleada de nivel intermedio a quien se invitó a asistir a una reunión de estrategia con altos directivos. A pesar de ser la persona más junior de la sala, no se quedó sentada, escuchando impresionada o sumida en un silencio temeroso. Sabía que tenía la habilidad de razonar con lógica y la capacidad de presentar las ideas de manera persuasiva, y ofreció propuestas convincentes acerca de la estrategia de la empresa. A la vez, su autoconciencia le permitió alejarse de los asuntos en los que sabía que se podría mostrar débil.

CÓMO SE HACE UN LÍDER

¿Qué diferencia hay entre un gran líder y uno simplemente bueno? No es el CI ni las capacidades técnicas. Es la inteligencia emocional: un grupo de cinco competencias que permite a los mejores líderes maximizar su propio rendimiento *y* el de sus seguidores. Cuando los directivos sénior de una empresa disponían de una masa crítica de competencias en inteligencia emocional (IE), sus divisiones superaban los objetivos de ganancias anuales en un 20%.

Estas competencias en IE son:

- *Autoconciencia*: conocer nuestras fortalezas, debilidades, impulsos, valores e impacto en los otros.

A pesar del valor que representa tener empleados con autoconciencia, mis investigaciones indican que los ejecutivos sénior no le otorgan mucha importancia a la hora de buscar líderes potenciales. Muchos ejecutivos se equivocan en considerar a aquellos que

- *Autorregulación*: controlar o redirigir impulsos y estados de ánimo disruptivos.
- *Motivación*: disfrutar de los logros por lo que son.
- *Empatía*: entender el carácter emocional de los demás.
- *Habilidad social*: construir buenas relaciones con los demás para encaminarlos en la dirección deseada.

Todos nacemos con unos ciertos niveles de IE. Pero podemos fortalecer estas competencias con perseverancia, práctica y *feedback* de nuestros colegas o *coaches*.

son sinceros con sus sentimientos como unos «debiluchos», y no muestran respeto por los empleados que reconocen sus defectos. A estos se los desestima demasiado pronto argumentando que «no son lo suficientemente duros» para liderar a los demás.

De hecho, pasa justo lo contrario. En primer lugar, las personas generalmente admiran y respetan la sinceridad. Además, a los líderes se les requiere constantemente que juzguen a los demás, y que lo hagan con una evaluación justa de las capacidades —de las suyas y de las de los demás—. ¿Tenemos la experiencia en gestión para adquirir un competidor? ¿Podemos lanzar un producto nuevo en seis meses? Las personas que se evalúan a sí mismas honestamente —es decir, las personas con autoconciencia— están preparadas para hacer lo mismo para las organizaciones que dirigen.

DANIEL GOLEMAN es codirector del Consorcio para la Investigación en Inteligencia Emocional en Organizaciones en la Universidad Rutgers. También es coautor de *Primal Leadership: Unleashing the Power of Emotional Intelligence*, y autor de *The Brain and Emotional Intelligence: New Insights*, *Leadership: Selected Writings* y de *A Force for Good: The Dalai Lama's Vision for Our World*. Su último libro es *Altered Traits: Science Reveals How Meditation Changes Your Mind, Brain, and Body*.

Fragmento de «What Makes a Leader?», *Harvard Business Review*, enero de 2004 (producto #RO401H).

2

Qué es la autoconciencia en realidad (y cómo cultivarla)

Tasha Eurich

Parece que la autoconciencia se ha convertido en la palabra de moda en el mundo de la gestión, y lo es por una buena razón. Los estudios sugieren que cuando nos vemos a nosotros mismos con claridad, estamos más seguros de nosotros mismos y somos más creativos.[1] Tomamos decisiones más sólidas, construimos relaciones más fuertes y nos comunicamos con más eficacia.[2] Es más probable que no mintamos, engañemos ni robemos.[3] Somos mejores trabajadores y por eso recibimos más promociones.[4] Además, somos líderes más efectivos, con empleados más satisfechos y empresas más rentables.[5]

Como psicóloga organizacional y *coach* ejecutiva durante casi 15 años, he visto muy de cerca el poder de la autoconciencia en el liderazgo. También he podido comprobar cuán de alcanzable es. Sin embargo, cuando empecé a investigar acerca de la autoconciencia, me sorprendió la enorme brecha que separaba la teoría de la práctica. En realidad, sabíamos poquísimo sobre cómo mejorar esta competencia fundamental.

Cuatro años atrás, me embarqué junto a mi equipo de investigación en un estudio científico a gran escala sobre la autoconciencia. En 10 estudios distintos con casi 5 000 participantes, examinamos qué es realmente la autoconciencia, por qué la necesitamos y cómo podemos incrementarla.

Nuestras investigaciones revelaron muchos obstáculos, mitos y verdades sobre la autoconciencia y cómo mejorarla que nos sorprendieron. Descubrimos que, a pesar de que muchas personas *creen* que son autoconscientes, la autoconciencia es una cualidad muy escasa: creemos que solo el 10-15 % de las personas que estudiamos encajan en los criterios. En particular, destacaron tres hallazgos que nos ayudan a desarrollar herramientas para que los líderes aprendan a verse a sí mismos con más claridad.

NUESTRAS INVESTIGACIONES

Los principales componentes de nuestras investigaciones incluían:

- Analizar los resultados de unos 800 estudios científicos existentes para entender cómo los investigadores precedentes definían la autoconciencia, para desenterrar temas y tendencias y para identificar las limitaciones de estas investigaciones.
- Realizar sondeos a miles de personas de varios países y de varios campos para explorar la relación entre la autoconciencia y distintas actitudes y comportamientos clave, como la satisfacción laboral, la empatía, la felicidad y el estrés. También evaluamos a personas que conocían muy bien a los encuestados para determinar la relación entre las autovaloraciones y otras valoraciones de autoconciencia.
- Desarrollar y validar una *evaluación* múltiple *de la autoconciencia con siete factores*, porque

(*continúa*)

NUESTRAS INVESTIGACIONES

el análisis de los estudios no identificaba ninguna medida sólida, validada ni exhaustiva.

- Realizar entrevistas en profundidad con 50 personas que habían mejorado drásticamente su autoconciencia y aprender, así, las acciones clave que les permitieron conseguirlo, además de sus opiniones y sus prácticas. Entre los entrevistados había emprendedores, profesionales, ejecutivos e incluso un CEO *Fortune* 100. (Para participar en nuestro estudio, los participantes debían cumplir cuatro requisitos: (1) debían verse a sí mismos altamente autoconscientes, factor que calculábamos con nuestra evaluación; (2) usando la misma evaluación, alguien que los conociera muy bien debía confirmarlo; (3) debían creer que experimentaron una tendencia al alza en relación con la autoconciencia durante algún periodo de su vida. Se pidió a cada participante que calificara sus niveles de autoconciencia en distintas etapas de su vida (por ejemplo, edad adulta temprana: de los 19 a los 24 años; edad adulta: de los 25 a los 34 años; mediana edad: de los 35 a los 49 años; madurez adulta: de los 50 a los 80 años); y (4) la persona que los evaluaba tenía que corroborar lo que había dicho el participante).

- Realizar encuestas a centenares de directivos y sus empleados, con el fin de conocer mejor la relación entre la autoconciencia en el liderazgo y las actitudes de los empleados, como por ejemplo el compromiso, la eficacia del liderazgo y la satisfacción laboral.

Los coautores de este trabajo son Haley M. Woznyj, de la Universidad de Longwood; Phoenix Van Wagoner, de la Escuela de Negocios de la Universidad de Leeds y la Universidad de Colorado; Eric D. Heggestad, de la Universidad de Carolina del Norte, Charlotte; y Apryl Brodersen, de la Universidad Estatal Metropolitana de Denver. Asimismo, queremos dar las gracias a la Dra. Stefanie Johnson por sus contribuciones a nuestro estudio.

#1: Hay dos tipos de autoconciencia

Durante los últimos 50 años, los investigadores han usado distintas definiciones para explicar la autoconciencia. Por ejemplo, algunos la ven como la habilidad para monitorizar nuestro mundo interior, otros, como un estado temporal de autoconocimiento,[6] y todavía hay quien afirma que es la diferencia entre cómo nos vemos a nosotros mismos y cómo nos ven los demás.[7]

Así pues, antes de que nos centremos en cómo mejorar la autoconciencia, debemos sintetizar estos hallazgos y crear una definición global.

En los estudios que analizamos, destacaban dos categorías de autoconciencia. La primera, a la que llamamos *autoconciencia interna*, representa cómo vemos la manera en que nuestros propios valores, pasiones o aspiraciones encajan con nuestro entorno, con nuestras reacciones (incluyendo los pensamientos, sentimientos, comportamientos, fortalezas y debilidades) y con el impacto que tenemos en los demás.

Descubrimos que la autoconciencia interna está asociada con una mayor satisfacción en las relaciones personales y en el trabajo, con un mayor control en el ámbito personal y social, y con la propia felicidad. Por otro lado, está negativamente relacionada con la ansiedad, el estrés y la depresión.

La segunda categoría, la *autoconciencia externa*, implica entender cómo nos perciben los demás, en los mismos términos mencionados anteriormente. Nuestras investigaciones revelan que las personas que saben cómo los ven los demás son más hábiles a la hora de mostrar empatía y de comprender los puntos de vista de otros. Cuando los líderes se ven a sí mismo tal como los ven sus empleados, estos suelen tener mejores relaciones con ellos, están más satisfechos con sus líderes y los consideran, en general, más efectivos.

Es fácil suponer que tener altos niveles de uno de estos tipos de autoconciencia significa que también se tiene un alto nivel del otro tipo. Pero nuestros estudios no han encontrado prácticamente ninguna relación entre ellos. Como resultado, hemos identificado cuatro arquetipos de liderazgo, cada uno con un conjunto de oportunidades para mejorar, como se muestra en la Figura 1.

FIGURA 1

Los cuatro arquetipos de la autoconciencia

Este cuadro compara la autoconciencia interna (lo bien que te conoces a ti mismo) con la autoconciencia externa (lo bien que percibes cómo te ven los demás).

	Nivel de autoconciencia externa bajo	**Nivel de autoconciencia externa alto**
Nivel de autoconciencia interna alto	**INTROSPECTIVOS** Tienen muy claro quiénes son, pero no cuestionan sus propias opiniones ni buscan conocer sus debilidades a través del feedback de otros. Esto puede dañar sus relaciones y limitar sus éxitos.	**CONSCIENTES** Saben quiénes son, qué quieren conseguir, y buscan y valoran las opiniones de los demás. Aquí es cuando los líderes comienzan a darse cuenta de los beneficios verdaderos de la autoconciencia
Nivel de autoconciencia interna bajo	**BUSCADORES** Todavía no saben quiénes son, qué postura defienden o cómo su equipo los percibe. Como resultado, pueden sentirse atascados o frustrados con su rendimiento y sus relaciones.	**COMPLACIENTES** Pueden estar tan concentrados en aparentar una manera de ser, que pueden pasar por alto lo que realmente es importante para ellos. Con el tiempo, acostumbran a tomar decisiones que no están alineadas con su propio éxito ni realización personal.

Cuando se trata de la autoconciencia interna y externa, es muy tentador valorar una por encima de la otra. Pero los líderes deben trabajar activamente en las dos, reconociéndose a sí mismos con claridad *a la vez que* obtienen *feedback* para entender cómo les perciben los demás. Las personas altamente autoconscientes que entrevistamos se centraron activamente en equilibrar la balanza.

Veamos el caso de Jeremiah, un directivo de *marketing*. Al principio de su carrera, se centró principalmente en su autoconciencia interna: por ejemplo, decidió dejar su carrera profesional en contabilidad para seguir su pasión por el *marketing*. Pero cuando tuvo la oportunidad de obtener *feedback* sincero durante una formación en su empresa, se dio cuenta de que no estaba suficientemente centrado en cómo se estaba mostrando. Desde entonces, Jeremiah da la misma importancia a los dos tipos de autoconciencia, lo que cree que le ha ayudado a alcanzar un nivel más alto de éxito y de realización personal.

Lo que hay que entender es que la autoconciencia no es una sola verdad. Es un delicado equilibrio entre dos puntos de vista distintos, incluso contrapuestos. (Si te interesa saber dónde te encuentras en cada categoría, puedes hacer una versión corta y gratuita de nuestra evaluación de la autoconciencia en insight-quiz.com).

#2: La experiencia y el poder dificultan la autoconciencia

Contrario a la creencia popular, los estudios han demostrado que las personas no siempre aprenden de la experiencia, que tener experiencia no les ayuda a descartar información falsa, y que considerarnos altamente experimentados puede impedirnos hacer bien nuestras tareas, buscar evidencias que demuestren lo contrario de lo que creemos y cuestionar nuestras propias suposiciones.[8]

De la misma manera que la experiencia puede llevarnos a una falsa seguridad en nuestro propio rendimiento, también puede otorgarnos una seguridad excesiva en nuestro nivel de autoconocimiento. Por ejemplo, un estudio reveló que los directivos más experimentados eran menos precisos a la hora de evaluar su eficacia como líderes, en comparación con los directivos menos experimentados.[9]

De igual modo, cuanto más poder tenga una persona, más probable es que sobreestime sus capacidades y habilidades. Un estudio con más de 3600 líderes de distintos ámbitos y con distintas funciones reveló que, en relación con líderes de nivel inferior, los líderes de alto nivel sobrevaloraban significativamente sus capacidades (en comparación con las percepciones de los demás).[10] De hecho, este patrón se repetía en 19 de las 20 competencias que los investigadores medían, incluyendo la autoconciencia emocional, la autoevaluación precisa, la empatía, la fiabilidad y el rendimiento del liderazgo.

Los investigadores proponen dos explicaciones principales para este fenómeno.[11] La primera es que, debido a su nivel jerárquico, los líderes sénior tienen menos personas por encima que puedan ofrecerles un *feedback* sincero. Y la segunda, cuanto más poder ostenta un líder, menos cómodas se sienten las personas de su alrededor a la hora de ofrecerle *feedback* constructivo, por miedo a perjudicar su carrera profesional. El profesor de comercio James O'Toole añadió que, a medida que nuestro poder se incrementa, nuestra disposición para escuchar disminuye, ya sea porque creemos que sabemos más que nuestros empleados, o porque creemos que buscar *feedback* tendrá su precio.[12]

Pero esto no tiene por qué ser así. Un análisis mostró que los líderes más exitosos, valorados con evaluaciones de 360 grados sobre la eficacia en el liderazgo, contrarrestan esta tendencia buscando con frecuencia *feedback* crítico (de superiores, colegas, empleados o su junta, entre otros).[13] Se vuelven más autoconscientes durante el proceso y llegan a ser percibidos como más eficientes por los demás.[14]

Igualmente, en nuestras entrevistas, encontramos que las personas que mejoraron su autoconciencia externa lo hicieron buscando *feedback* de críticos *que les tienen afecto*, es decir, personas con las mejores intenciones *y* dispuestas a decir la verdad. Para asegurarse de que no reaccionan de forma exagerada o de que no sobrecorrigen basándose en la opinión de una persona, también comprueban el *feedback* incómodo o sorprendente con los demás.

#3: La introspección no siempre mejora la autoconciencia

También se da por sentado que la introspección —examinar las causas de nuestros propios pensamientos, sentimientos y comportamientos— mejora la autoconciencia. Después de todo, ¿hay alguna manera mejor de conocernos a nosotros mismos que reflexionando por qué somos como somos?

Sin embargo, uno de los hallazgos más sorprendentes de nuestras investigaciones es que las personas que hacen introspección son *menos* autoconscientes, y muestran niveles más bajos de satisfacción laboral y de bienestar. Otros estudios han presentado patrones similares.[15]

El problema con la introspección no es que sea categóricamente ineficaz, sino que la mayoría de las personas no la realizan de forma correcta. Para entenderlo, analicemos la que se podría decir la pregunta más común de la introspección: «¿Por qué?». Nos lo preguntamos cuando intentamos entender nuestras emociones (*¿Por qué me gusta mucho más el empleado A que el empleado B?*), nuestro comportamiento (¿Por qué perdí los estribos con aquel empleado?) o nuestra actitud (¿Por qué *estoy tan en contra de este acuerdo?*).

Por lo que parece ser, «¿por qué?» es una pregunta sorprendentemente ineficaz para la autoconciencia. Los estudios han revelado que simplemente no tenemos acceso a muchos de nuestros pensamientos, sentimientos y actos inconscientes.[16] Y como hay tantas cosas atrapadas fuera de nuestra consciencia, tendemos a inventarnos respuestas que *parecen* verdaderas pero que a menudo no lo son.[17] Por ejemplo, después de un arrebato atípico con un empleado, un directivo nuevo puede precipitarse y pensar que ocurrió porque no está hecho para este trabajo, cuando la causa era en realidad una bajada de azúcar en la sangre.

Así pues, el problema de preguntarse ¿por qué? no es solo saber lo equivocados que estamos, sino lo seguros que estamos de que tenemos razón.[18] La mente humana raramente funciona de manera racional, y nuestros juicios casi siempre son sesgados. Tenemos la tendencia a aferrarnos a cualquier idea sin preguntarnos su validez o valor, ignoramos indicios contradictorios, y forzamos nuestros pensamientos para que se ajusten a nuestras explicaciones iniciales.

Otra consecuencia negativa de preguntarse ¿por qué? —especialmente cuando intentamos explicar un resultado no deseado— es que estimula la aparición de pensamientos negativos e improductivos.[19] En nuestros estudios, hemos encontrado que las personas que son muy introspectivas también acostumbran a caer en estados de cavilación. Por ejemplo, si un empleado que recibe una evaluación negativa se pregunta ¿Por qué me han dado una evaluación tan mala?, seguramente caerá en una explicación que se centrará en sus miedos, defectos o inseguridades, en lugar de hacer una valoración racional de sus fortalezas y debilidades. (Por esta razón, las personas que se autoanalizan con frecuencia están más deprimidas y ansiosas, lo que perjudica su bienestar).[20]

Así pues, si ¿por qué? no es la pregunta introspectiva correcta, ¿hay alguna mejor? Mi equipo de investigación rebuscó entre cientos de páginas de transcripciones de entrevistas con personas con un alto nivel de autoconciencia para averiguar si abordaban la introspección de una manera distinta. Ciertamente, había un patrón claro: mientras que la locución «por qué» aparecía menos de 150 veces, la palabra «qué» lo hacía más de 1000 veces.

Por lo tanto, para incrementar la autoevaluación productiva y disminuir la cavilación improductiva, deberíamos preguntarnos *qué*, no *por qué*.[21] Las preguntas con *qué* nos ayudan a ser objetivos, a centrarnos en el futuro y a empoderarnos para actuar en nuestras nuevas propias valoraciones.

Veamos por ejemplo a Jose, un veterano de la industria del entretenimiento que entrevistamos. Jose odiaba su trabajo. Donde muchos se hubieran atascado preguntándose: «¿Por qué me siento tan mal?», él se preguntó: «¿En qué situaciones me siento igual de mal, y qué tienen en común?». Entonces, se dio cuenta de que nunca había sido feliz en esta profesión, y reunió el coraje para empezar una nueva, mucho más satisfactoria, en la gestión de capitales.

Del mismo modo, Robin, una líder en atención al cliente nueva en su trabajo, quería entender un *feedback* negativo que había recibido de un empleado. En lugar de preguntarle: «¿Por qué dices eso de mí?», Robin le preguntó: «¿Qué pasos debo seguir para hacerlo mejor?». Esto les ayudó a buscar soluciones en lugar de centrarse en los patrones improductivos del pasado.

Un último caso es el de Paul, que acababa de saber que el negocio que había comprado recientemente ya no era rentable. Al principio solo se preguntaba: «¿Por qué no pude darle la vuelta al negocio?». Pero enseguida se dio cuenta de que no contaba ni con el tiempo ni con la energía suficiente para mortificarse, debía pensar el siguiente paso. Empezó a preguntarse: «¿Qué debo hacer para seguir adelante minimizando el impacto en nuestros clientes y empleados?». Elaboró un plan y fue capaz de encontrar soluciones creativas perjudicando lo menos posible a los demás mientras iba cerrando el negocio. Cuando todo eso terminó, decidió articular lo que había aprendido de la experiencia. Sus reflexiones le ayudaron a evitar errores similares en el futuro; pero no solo a él, sino también a los demás.[22]

Estos hallazgos cualitativos están respaldados por investigaciones cuantitativas de otras personas. En un estudio, los psicólogos J. Gregory Hixon y William

Swann dieron a un grupo de estudiantes universitarios *feedback* negativo de un test sobre lo sociales que podían ser, cuánto podrían agradar a los demás y cuán de interesantes podían parecer a los demás.[23] A algunos les dieron tiempo para reflexionar *por qué* eran como eran, mientras que a otros les hicieron reflexionar sobre *qué* tipo de persona eran. Cuando los investigadores les hicieron evaluar la exactitud de su *feedback*, los estudiantes del «por qué» desperdiciaron su energía racionalizando y negando la información que habían recibido; mientras que los estudiantes del «qué» estaban más abiertos a aceptar esta información, y a analizar cómo podrían aprender de ella. La conclusión de Hixon y Swann, bastante atrevida, fue que «pensar por qué uno es como es puede ser igual de malo que no llegar a reflexionar sobre uno mismo».

Todo eso nos permite concluir que los líderes que se centran en trabajar en la autoconciencia (tanto interna como externa) que buscan el *feedback* honesto de críticos que les tienen afecto, y que se preguntan *qué* en lugar de *por qué* pueden aprender a verse a sí mismos con más claridad —y obtener las múltiples recompensas de aumentar el conocimiento de uno mismo—. Y no importa lo lejos que lleguemos, siempre habrá oportunidades para aprender. Este es uno de los aspectos que hacen de la autoconciencia un viaje tan apasionante.

TASCHA EURICH, DRA., es psicóloga organizacional, investigadora y autora de *bestseller* del *New York Times*. Es también la directora de The Eurich Group, una empresa de desarrollo ejecutivo que ayuda a las compañías —desde *startups* hasta compañías del *Fortune 100*— a conseguir el éxito mejorando la eficacia de sus líderes y equipos. Su último libro, *Insight*, ahonda en la conexión entre la autoconciencia y el éxito laboral.

Notas

1. Paul J. Silvia y Maureen O'Brien, «Self-Awareness and Constructive Functioning: Revisiting "the Human Dilemma"», *Journal of Social and Clinical Psychology* 23, no. 4 (agosto de 2004): 475-489.
2. D. Scott Ridley, Paul A. Schutz, Robert S. Glanz y Claire E. Weinstein, «Self-Regulated Learning: The Interactive Influence of Metacognitive Awareness and Goal-Setting»,

Journal of Experimental Education 60, no. 4 (verano de 1992): 293-306; Clive Fletcher y Caroline Bailey, «Assessing Self-Awareness: Some Issues and Methods», *Journal of Managerial Psychology* 18, no. 5 (2003): 395-404; Anna Sutton, Helen M. Williams y Christopher W. Allinson, «A Longitudinal, Mixed Method Evaluation of Self-Awareness Training in the Workplace», *European Journal of Training and Development* 39, no. 7 (2015): 610-627.

3. Silvia y O'Brien, «Self-Awareness and Constructive Functioning».
4. Allan H. Church, «Managerial Self-Awareness in High-Performing Individuals in Organizations», *Journal of Applied Psychology* 82, no. 2 (abril de 1997): 281-292; Bernard M. Bass y Francis J. Yammarino, «Congruence of Self and Others' Leadership Ratings of Naval Officers for Understanding Successful Performance», *Applied Psychology* 40, no. 4 (octubre de 1991): 437-454.
5. Bass y Yammarino, «Congruence of Self and Others' Leadership Ratings of Naval Officers for Understanding Successful Performance»; Kenneth N. Wexley, Ralph A. Alexander, James Greenawalt y Michael A. Couch, «Attitudinal Congruence and Similarity as Related to Interpersonal Evaluations in Manager-Subordinate Dyads», *Academy of Management Journal* 23, no. 2 (junio de 1980): 320-330; Atuma Okpara y Agwu M. Edwin, «Self-Awareness and Organizational Performance in the Nigerian Banking Sector», *European Journal of Research and Reflection in Management Sciences* 3, no. 1 (2015): 53-70.

6. Daniel Goleman, blog, 15 de noviembre de 2012, http://www.danielgoleman.info/on-self-awareness/; Shelley Duval y Robert A. Wicklund, «Effects of Objective Self-Awareness on Attribution of Causality», *Journal of Experimental Social Psychology* 9, no. 1 (enero de 1973): 17-31.
7. Erich C. Dierdorff y Robert S. Rubin, «Research: We're Not Very Self-Aware, Especially at Work», *Harvard Business Review* (12 de marzo de 2015).
8. Berndt Brehmer, «In One Word: Not from Experience», *Acta Psychologica* 45, nos. 1-3 (agosto de 1980): 223-241; Stav Atir, Emily Rosenzweig y David Dunning, «When Knowledge Knows No Bounds: Self-Perceived Expertise Predicts Claims of Impossible Knowledge», *Psychological Science* 26, no. 8 (julio de 2015); Philip E. Tetlock, *Expert Political Judgment: How Good Is It? How Can We Know?*, ed. rev. (Princeton, NJ: Princeton University Press, 2017).
9. Cheri Ostroff, Leanne E. Atwater y Barbara J. Feinberg, «Understanding Self-Other Agreement: A Look at Rater and Ratee Characteristics, Context, and Outcomes», *Personnel Psychology* 57, no. 2 (junio de 2004): 333-375.
10. Fabio Sala, «Executive Blind Spots: Discrepancies Between Self- and Other-Ratings», *Consulting Psychology Journal: Practices and Research* 55, no. 4 (septiembre de 2003): 222-229.
11. Ibid.
12. Jennifer Pittman, «Speaking Truth to Power: The Role of the Executive», Markkula Center for Applied Ethics (1 de febrero de 2007), https://www.scu.

edu/ethics/focus-areas/business-ethics/resources/speaking-truth-to-power-the-role-of-the-executive/.
13. Joseph Folkman, «Top-Ranked Leaders Know This Secret: Ask for Feedback», *Forbes* (8 de enero de 2015).
14. Susan J. Ashford y Anne S. Tsui, «Self-Regulation for Managerial Effectiveness: The Role of Active Feedback Seeking», *Academy of Management Journal* 34, no. 2 (junio de 1991): 251-280.
15. Anthony M. Grant, John Franklin y Peter Langford, «The Self-Reflection and Insight Scale: A New Measure of Private Self-Consciousness», *Social Behavior and Personality* 30, no. 8 (diciembre de 2002): 821-836.
16. Richard E. Nisbett y Timothy DeCamp Wilson, «Telling More Than We Can Know: Verbal Reports on Mental Processes», *Psychological Review* 84, no. 3 (mayo de 1977): 231-259.
17. Ibid.
18. Timothy D. Wilson, Dana S. Dunn, Delores Kraft y Douglas J. Lisle, «Introspection, Attitude Change, and Attitude-Behavior Consistency: The Disruptive Effects of Explaining Why We Feel the Way We Do», *Advances in Experimental Social Psychology* 22 (1989): 287-343.
19. Ethan Kross, Ozlem Ayduk y Walter Mischel, «When Asking "Why" Does Not Hurt. Distinguishing Rumination from Reflective Processing of Negative Emotions», *Psychological Science* 16, no. 9 (septiembre de 2005): 709-715.
20. Susan Nolen-Hoeksema, Angela McBride y Judith Larson, «Rumination and Psychological Distress Among Bereaved

Partners», *Journal of Personality and Social Psychology* 72, no. 4 (abril de 1997): 855-862; John B. Nezlek, «Day-to-Day Relationships Between Self-Awareness, Daily Events, and Anxiety», *Journal of Personality* 70, no. 2 (noviembre de 2002): 249-276; Grant et al., «The Self-Reflection and Insight Scale».

21. Tasha Eurich, «Increase Your Self-Awareness with One Simple Fix», vídeo de TEDxMileHigh, 17:17, 19 de diciembre de 2017, https://www.youtube.com/watch?v=tGdsOXZpyWE.
22. Paul Brothe, «Eight Lessons I Learned from Buying a Small Business», LinkedIn, 13 de julio de 2015.
23. J. Gregory Hixon y William B. Swann Jr., «When Does Introspection Bear Fruit? Self-Reflection, Self-Insight, and Interpersonal Choices», *Journal of Personality and Social Psychology* 64, no. 1 (enero de 1993): 3-43.

Reimpresión de hbr.org, publicada
el 4 de enero de 2018 (producto #H042DK).

3

Los líderes de éxito saben qué les hizo llegar a ser lo que son

Bernie Swain

¿Identificarías a la persona, el acontecimiento o la influencia que te llevó a ser lo que eres ahora como líder y como persona? A lo largo de estos últimos 10 años, he hecho esta pregunta a 100 de las eminencias que he representado como presidente del Washington Speakers Bureau: Madeleine Albright, Tom Brokaw, Colin Powell, Terry Bradshaw, Condoleezza Rice y muchos más. Tenía curiosidad por saber cuáles fueron los puntos de inflexión en sus vidas, es decir, los momentos e influencias clave de los que sacaron motivación e inspiración.

Identificar los momentos cruciales de nuestro éxito nos permite maximizar nuestro potencial, sacar a la luz nuestras pasiones y convertirnos en mejores líderes. En mi caso, el momento decisivo de mi vida fue darme cuenta de que nunca me gustaría trabajar para otros —y lo supe justo cuando estaban a punto de ofrecerme el trabajo de mis sueños (que rechacé para convertirme en emprendedor)—. Reconocerlo me proporcionó energía incluso en periodos de incertidumbre, fortaleciendo mi voluntad para alcanzar el éxito y asegurándome de que había tomado el buen camino. Cada uno tenemos este momento y podemos identificarlo fácilmente después de cierta reflexión. Entre mis entrevistados, los puntos de inflexión se repartían entre tres categorías generales.

Las personas

Cuarenta y cinco de estos entrevistados identificaron a una persona como la influencia única más duradera de sus vidas. Para Madeleine Albright, antigua secretaria de estado de Estados Unidos, fue su padre, un hombre serio con un intelecto de amplio alcance cuya carrera como diplomático en Checoslovaquia se truncó dos veces: por la ocupación alemana durante la Segunda Guerra Mundial, y por la entrada de los comunistas después de la guerra. Al mudarse a los Estados Unidos con su familia, fue profesor y se alojó en las diminutas residencias de la facultad —un paso atrás en comparación con la residencia del embajador—, pero disfrutaba de su trabajo y lo desarrollaba con diligencia. Nos dijo que ser secretaria de estado era todo un reto, pero que nunca le resultó difícil mantenerse concentrada: «Solo tenía que imaginarme a mi padre en el estudio del sótano, a menudo inundado, trabajando sin parar con sus pies en alto encima de unos ladrillos».

Para Tom Brokaw —que fue presidente del consejo estudiantil y deportista en tres disciplinas en el instituto, pero que más adelante abandonó la universidad en dos ocasiones— fue un profesor de ciencias políticas muy estricto, pero afectuoso. Para el legendario entrenador de baloncesto Mike Krzyzewski fue su madre, que solo pudo estudiar hasta los 14 años. Ella siempre le decía que «se subiera al autobús adecuado... al que se subía la gente buena», frase que se convirtió en la piedra angular, desde el punto de vista ético, de la vida y carrera de «Coach K».

Los acontecimientos

Cuarenta de mis cien entrevistados identificaron un acontecimiento —un fracaso, una lesión, una muerte o algo similar— como el punto de inflexión en sus vidas.

A primera vista, lo que caracterizaba al ex secretario de trabajo Robert Reich era su estatura. «Mido un metro y medio, siempre he sido bajo», decía Reich. Ya en la guardería se reían de él, y enseguida aprendió a encontrar a alguien más grande para que le protegiera. Uno de aquellos que le escudaban era Michael Schwerner, un niño mayor que él. Años más tarde, en 1964, Michael Schwerner y otros dos defensores de los derechos civiles fueron brutalmente asesinados por el Ku Klux Klan en el condado de Neshoba, Misisipi —un crimen que estremeció el condado y horrorizó a Reich, que recientemente había terminado el instituto—. El acontecimiento impactó a Reich hasta tal punto que desde entonces empezó su carrera en el servicio público comprometiéndose con la justicia social. «Mickey me protegía», decía Reich, siendo ya profesor en la Universidad de California en Berkeley. «Ahora soy yo quien siente la responsabilidad de proteger a los demás.»

Para Tony Blair, un rebelde problemático en la escuela, fue el infarto que truncó la prometedora carrera política de su padre el que despertó en Tony la disciplina y diligencia que, con el tiempo, le llevarían a convertirse en primer ministro del Reino Unido.

Debbie Fields, fundadora de Mrs. Fields Cookies, encontró la motivación y la pasión para conseguir el éxito cuando un grosero le lanzó un diccionario por utilizar mal una palabra durante una conversación.

El entorno

Quince de los entrevistados consideraron el entorno —como por ejemplo un lugar, un momento o una experiencia— como la influencia más poderosa de sus vidas. Para Condoleezza Rice, fue el amor por la lectura y la educación que le transmitió su familia, empezando por su bisabuela paterna, Julia Head, que aprendió a leer cuando era esclava en una plantación de algodón en Alabama. El abuelo de Rice, hijo de Julia y su marido aparcero nacido en 1892, se empeñó en ir a la universidad y luego fue pastor presbiteriano. Un día trajo a casa nueve libros con encuadernación en piel y letras doradas —las obras de Shakespeare y Víctor Hugo, entre otros— que costaban alrededor de 90 dólares, una suma enorme por aquel entonces.

«Para mi abuelo era importante tener libros en casa», me dijo Rice, «y más importante era que sus hijos los leyeran.» El padre de Rice obtuvo dos másteres, y su tía Theresa un doctorado en literatura victoriana. En 1981, cuando Rice consiguió su doctorado en ciencias políticas, su padre le regaló los cinco libros que quedaban de su abuelo. Ahora descansan en la repisa de la chimenea.

Para Chris Matthews, el punto de inflexión fue su paso por el Cuerpo de Paz en Suazilandia, que lo apartó de una carrera en la universidad y lo encaminó a una vida de compromiso en la política y el periodismo.

La influencia perdurable de Colin Powell proviene de un vecindario del Sur del Bronx llamado Banana Kelley, donde creció en el seno de una familia afectuosa y en una comunidad multicultural de gente trabajadora que fomentaba la educación. «Debo todo el éxito que he conseguido a... Banana Kelley», nos dijo.

Los líderes más exitosos son autoconscientes. Esta es la lección primordial que aprendí trabajando y hablando con algunas de las personas con más talento a lo largo de 36 años. Para algunos, como Powell o Albright, les resulta fácil identificar y hacerse suyos estos puntos de inflexión. Pero puede ser más difícil para muchos otros. A Terry Bradshaw le costó tres conversaciones —cada una más dolorosa— llegar a este punto. Como número uno en el *draft* de la Liga Nacional de Fútbol Americano de los Pittsburg Steelers, no prestaba atención a sus entrenadores, se saltaba los entrenamientos y era impertinente, con lo que enmascaraba una profunda inseguridad en sí mismo por ser un chico de pueblo en una gran ciudad del norte. Sin embargo, al comprobar que su rendimiento disminuía en el campo y que le llovían abucheos desde la grada, no pudo aguantar más su máscara de indiferencia. Una noche rompió a llorar en su apartamento, rezó y escuchó una suave voz que le decía que bajara de las nubes. «Al día siguiente fui a entrenar», me dijo, «y empecé a cultivar una nueva actitud». Consiguió ser uno de los tres mariscales de campo que ha ganado cuatro Super Bowls.

Las personas altamente exitosas tienen una voz interior, y la escuchan. Entienden los momentos decisivos de sus vidas, por lo que conocen mejor sus fortalezas, prejuicios y debilidades como líderes. Este conocimiento les ofrece un pozo lleno de energía y pasión del que beben toda la vida. Puede que no todos tengamos el éxito de estos 100 entrevistados, pero podemos aprender de sus experiencias para poder identificar —y controlar— los puntos de inflexión de nuestras vidas y carreras.

BERNIE SWAIN es fundador y presidente del Washington Speakers Bureau, además de autor del libro *What Made Me Who I Am*. Puedes seguirle en Twitter @swain_bernie.

Reimpresión de hbr.org, publicada
el 5 de septiembre de 2016 (producto #H033OD).

4

Dos maneras de aclarar tus pasiones profesionales

Robert Steven Kaplan

¿Alguna vez te has dado cuenta de que las personas altamente competentes casi siempre dicen que les encanta lo que hacen? Si les preguntas acerca de la buena fortuna que han tenido en sus carreras, es probable que te respondan que tiene que gustarte mucho lo que haces para rendir a un alto nivel. Te hablarán de la importancia clave de tener una perspectiva a largo plazo y una pasión verdadera para seguir creciendo en tu carrera. Numerosos estudios de personas altamente competentes señalan una fuerte correlación entre creer en la misión, disfrutar del trabajo y rendir a un alto nivel.

Así pues, ¿por qué a menudo las personas se muestran escépticas ante la noción de que la pasión y la carrera profesional deberían estar íntegramente vinculadas? ¿Por qué a menudo tienen dificultades para identificar sus pasiones, y luego conectar estas pasiones con un camino viable para desarrollar sus carreras? Cuando una persona escucha el testimonio de alguien aparentemente feliz y realizado, suele decir: «Le resulta fácil decirlo *ahora*. Lo ha logrado. ¡No es tan fácil seguir este consejo cuando estás en una posición como la mía!». No se da cuenta de que conectar las pasiones con el trabajo fue una parte importante para que esta otra persona lo consiguiera.

La pasión es emoción. Tiene más que ver con tu corazón que con tu cabeza. Es muy importante entenderlo porque alcanzar tu potencial requiere la combinación de tu corazón *con* tu cabeza. Según mi experiencia, tu capacidad intelectual y tus habilidades te ayudarán solo hasta cierto punto.

No importa el talento que tengas, tendrás días, meses y años difíciles. Puede que estés estancado con un jefe mediocre, que te sientas desanimado y que quieras dejarlo todo. ¿Qué te empuja en estos periodos difíciles? La respuesta es *tu pasión*: es el combustible que te ayuda a superar las dificultades y a lidiar con los periodos en los que lo ves todo negro. La pasión emana de creer en una causa o de disfrutar haciendo una tarea determinada. Te ayuda a mantenerte en pie para que puedas mejorar tus capacidades, superar las adversidades y encontrar el sentido de tu trabajo y tu vida.

Cuando hablo con personas con más experiencia, a menudo debo pedirles que dejen de lado mentalmente sus obligaciones financieras, su papel en la comunidad y las expectativas que sus amigos, familia y seres queridos tienen de ellas. Entender sus pasiones puede resultar particularmente difícil para profesionales que se encuentran en la mitad de su carrera profesional, porque, en muchos casos, el coste de cambiar de trabajo o carrera les parece tan grande, que ni siquiera se lo plantean. Como resultado, intentan no pensar demasiado a fondo si realmente les gusta lo que están haciendo.

El problema, para muchos de ellos, es que experimentan un estancamiento que está empezando a alarmarles y a disminuir sus perspectivas laborales.

Con frecuencia este estancamiento es una consecuencia de la falta de pasión en el trabajo. Puede ser que la naturaleza del trabajo haya cambiado, o que el mundo haya cambiado y la misión y las tareas de su trabajo ya no despierten sus pasiones. En otros casos, no ha cambiado nada, excepto la propia persona. Simplemente quieren que sus vidas y sus carreras profesionales tengan más significado para ellos.

Por supuesto, estas cuestiones nunca se resuelven completamente. ¿Por qué? Porque hay muchas variables en juego, y no podemos controlarlas todas. El reto es ser autoconsciente.

Esto es difícil, ya que la mayoría de nuestras jornadas laborales son caóticas. De hecho, la vida también lo es y, por desgracia, no podemos predecir el futuro. Parece que no tenemos tiempo para reflexionar. Entonces, ¿cómo se supone que vamos a tomar perspectiva en estas cuestiones?

Te propongo que intentes varios ejercicios. Estos ejercicios te pueden ayudar a incrementar la autoconciencia y a desarrollar habilidades para comprender mejor tus pasiones. También te animarán a prestar más atención y a ser más consciente de las tareas y actividades que de verdad te interesan y que disfrutas con ellas.

Lo mejor de ti

En este ejercicio debes pensar en cuando estabas en tu mejor momento. ¡Podías con todo! Hiciste un trabajo magnífico, y disfrutaste haciéndolo. Te encantaba lo que hacías y recibías refuerzos positivos sustanciales.

Recuerda esta situación. Toma nota de los detalles. ¿Qué hacías? ¿Qué tareas realizabas? ¿Cuáles eran los elementos clave de tu entorno, la misión y la naturaleza del impacto que estabas ocasionando? ¿Tenías un jefe o no? Haz un esquema de toda la situación. ¿Qué te gustaba de todo esto? ¿Qué factores influían en tu satisfacción y cuáles te hicieron brillar?

Si eres como la mayoría de la gente, tardarás cierto tiempo en recordar una situación similar. No es que no hayas tenido nunca una experiencia así; tan solo has perdido la costumbre de pensar en cuando te encontrabas en tu mejor momento y disfrutabas de lo que hacías.

Una vez terminado el esquema, piensa qué puedes aprender de este recuerdo. ¿Cuáles son tus percepciones acerca de la naturaleza de tu satisfacción, de los factores críticos del entorno, o de los tipos de tareas con las que más disfrutabas? ¿Qué te dice este recuerdo sobre lo que te podría gustar hacer ahora? Pon tus pensamientos por escrito.

Modelos mentales

Otra manera de ayudarte a reflexionar acerca de tus deseos y pasiones es usar modelos mentales. Es decir, piensa que se da *xyz* y luego dime qué harías y por qué. A continuación, te muestro unos ejemplos de estos modelos:

- Si te quedara solo un año de vida, ¿cómo lo pasarías? ¿Qué te dice esto de lo que te gusta hacer y de lo que te apasiona?

- Si tuvieras todo el dinero para hacer lo que quisieras, ¿qué trabajo realizarías o a qué te dedicarías profesionalmente?
- Si tuvieras el éxito asegurado en tu carrera laboral, ¿qué trabajo te gustaría desarrollar?
- ¿Qué te gustaría contarles a tus hijos y nietos sobre tus logros profesionales? ¿Cómo les explicarás la elección de tu carrera profesional?
- Si fueras alguien ajeno dándote un consejo a ti mismo, ¿qué profesión te propondrías?

Aunque estos modelos mentales puedan parecer un poco simplones o caprichosos, te ruego que te tomes tu tiempo para intentar hacerlos, considerar tus respuestas y escribirlas. Te sorprenderá lo que puedes aprender de ellos. Cada uno intenta ayudarte a desprenderte de tus miedos, inseguridades y preocupaciones sobre las opiniones de los demás, y podrás centrarte en lo que realmente crees y deseas.

La pasión es determinante para alcanzar tu potencial. Puede que estar cerca de tus pasiones requiera dar un respiro a tus miedos e inseguridades, y centrarte más en tus esperanzas y tus sueños. No es necesario que decidas inmediatamente qué acción vas a tomar o que evalúes si tu sueño es realista o no. Este ejercicio es como una lluvia de ideas: no debes descartar ideas antes de tomarlas en consideración. Insisto, permítete concentrarte en el *qué*, antes de que te preocupes por el *cómo*. Estos ejercicios son, ante todo, para la autoconciencia. Es sorprendente ver cómo eres capaz de reconocer las oportunidades cuando eres consciente de lo que estás buscando.

ROBERT STEVEN KAPLAN es presidente y director general de la Reserva Federal del Banco de Dallas. Previamente fue decano asociado sénior para las relaciones externas y profesor Martin Marshall de Prácticas de Gestión en Administración Empresarial en Harvard Business School. Es también autor de tres libros: *What You Really Need to Lead*, *What You're Really Meant to Do* y *What to Ask the Person in the Mirror*.

Adaptación de *What You're Really Meant to Do: A Road Map for Reaching Your Unique Potential* (Producto #11370), Robert Steven Kaplan, Harvard Business Review Press, 2013.

5

La agilidad emocional

Susan David y Christina Congleton

Dieciséis mil. Esta es la media de palabras que decimos cada día. Así pues, imagínate la cantidad de palabras que nos pasan por la cabeza que no llegamos a pronunciar. La mayoría de ellas no son hechos, sino evaluaciones y juicios entrelazados con emociones —algunos positivos y útiles (*He trabajado duro y puedo hacer una excelente presentación; Vale la pena hablar de ese asunto; Parece que el nuevo vicepresidente es accesible*), otros, negativos y no tan útiles (*Me está ignorando a propósito; Me pondré en evidencia delante de todos; Soy un falso*)—.

La sabiduría popular nos dice que los pensamientos y sentimientos difíciles no tienen lugar en la oficina: los ejecutivos, y los líderes en particular, deberían ser o estoicos o alegres, deberían proyectar seguridad en sí mismos y sofocar cualquier asunto negativo que brote de su interior. Pero esto va en contra de la biología básica. Todos los seres humanos sanos tenemos una corriente interna de pensamientos y sentimientos que incluyen el criticismo, la duda y el miedo. Esto es, en realidad, nuestra mente haciendo su trabajo: intentar anticipar y resolver problemas, y evitar cualquier peligro potencial.

En nuestra consultoría vemos líderes que tropiezan no porque *tengan* pensamientos y sentimientos indeseables —esto es inevitable—, sino porque se quedan *atrapados* en ellos, como los peces en el anzuelo. Eso sucede de dos maneras. O bien se creen sus pensamientos, tratándolos como hechos (*Pasó lo mismo en mi trabajo anterior... He sido un desastre toda mi vida*), y evitan situaciones parecidas (*No voy a aceptar este nuevo reto*). O, a menudo a instancia de sus más allegados niegan el valor de esos pensamientos y tratan de racionalizarlos (*No debería tener estos pensamientos... sé que no soy un fracasado*), y puede que incluso se expongan voluntariamente a situaciones similares a pesar de que vayan en contra de sus valores y objetivos (*Acepta este nuevo proyecto, tienes que superarlo*). En cualquier caso, están prestando demasiada atención a su charla interna, y permiten que esta debilite importantes recursos cognitivos que podrían serles más útiles.

Este es un problema muy común, con frecuencia perpetuado por estrategias de autogestión que se han hecho populares. A menudo vemos ejecutivos con dificultades emocionales recurrentes en el trabajo —ansiedad por las prioridades, envidia por los logros ajenos, miedo al rechazo o angustia por desaires percibidos— que han ideado técnicas para «resolverlos»: afirmaciones positivas, listas de tareas pendientes con prioridades o inmersión en ciertas tareas. Pero cuando les preguntamos cuánto tiempo llevan lidiando con estas dificultades, las respuestas suelen ser 10 años, 20 años, o desde la infancia.

No cabe duda de que estas técnicas no funcionan —de hecho, muchas investigaciones revelan que intentar minimizar o ignorar pensamientos y emociones solo los amplifica—. En un estudio liderado por el fallecido Daniel Wegner, profesor de Harvard, los participantes a los que se les pidió que no pensaran en osos blancos tenían problemas para dejar de hacerlo; después, cuando levantaron la prohibición, estos pensaban más en osos blancos que el grupo de control. Cualquier persona que haya soñado en un pastel de chocolate o patatas fritas mientras sigue una dieta estricta entenderá ese fenómeno.

Los líderes más efectivos ni se creen *ni* intentan suprimir sus experiencias internas. Al contrario, las abordan de una manera consciente, productiva y teniendo en cuenta sus valores. De este modo, desarrollan lo que llamamos la *agilidad emocional*. En nuestra economía del conocimiento tan compleja y cambiante, la habilidad de gestionar nuestros propios pensamientos y sentimientos es esencial para conseguir el éxito empresarial. Numerosos estudios, realizados por el profesor de la Universidad de Londres Frank Bond y otros, demuestran que la agilidad emocional puede ayudar a las personas a mitigar el estrés, reducir errores, ser más innovadoras y mejorar el rendimiento laboral.

Hemos trabajado con líderes de varias industrias para desarrollar esta competencia crucial y, a continuación, te presentamos cuatro prácticas —adaptadas de la Terapia de Aceptación y Compromiso (ACT, según sus siglas en inglés), originalmente desarrollada por el psicólogo de la Universidad de Nevada, Steven C. Hayes— diseñadas para ayudarte a hacer lo mismo: reconocer tus patrones, etiquetar tus pensamientos y emociones, aceptarlos y actuar desde tus valores.

Como peces en el anzuelo

Empecemos con dos estudios de caso. Cynthia es una abogada corporativa con dos niños pequeños. Solía sentirse profundamente culpable por las oportunidades perdidas —tanto en la oficina, donde sus colegas trabajaban 80 horas semanales mientras que ella trabajaba 50, como en casa, donde a menudo estaba demasiado distraída o cansada para estar plenamente con su marido y sus hijos—. Una voz persistente en su cabeza le decía que debía ser mejor profesional o comprometería su carrera; otra le decía que debía ser mejor madre o se arriesgaba a desatender su familia. Cynthia deseaba que, al menos, una de estas voces se callara. Pero ninguna lo hacía. En consecuencia, no alzaba la mano cuando se proponían proyectos interesantes en la oficina, y comprobaba los mensajes compulsivamente cuando estaba cenando con su familia.

Jeffrey, un ejecutivo con un futuro prometedor en una importante empresa de bienes de consumo, tenía un problema distinto. Inteligente, talentoso y ambicioso, solía estar enfadado —con los jefes que no escuchaban sus propuestas o con los colegas que no se comprometían al máximo—. Había perdido los papeles varias veces en el trabajo y le advirtieron que debía controlarse. Pero cuando lo intentaba, sentía que estaba ahogando una parte esencial de su personalidad, y solo conseguía enfadarse y desanimarse todavía más.

Estos líderes inteligentes y exitosos estaban atrapados en sus propios pensamientos y emociones negativos. Cynthia estaba absorbida por su culpabilidad; Jeffrey explotaba de enfado. Cynthia pedía a las voces que se marcharan; Jeffrey ocultaba su frustración. Ambos intentaban evitar el malestar que sentían. Su experiencia interna les dominaba, procurando controlarla o alternando entre los dos estados.

Liberarse

Por fortuna, tanto Cynthia como Jeffrey se dieron cuenta de que no podían continuar así —no podían lograr el éxito ni ser felices— sin contar con estrategias internas más efectivas. Les asesoramos para que consiguieran adoptar las cuatro prácticas:

Reconoce tus patrones

El primer paso para desarrollar agilidad emocional es percatarse de cuándo estás atrapado por tus pensamientos y sentimientos. Es difícil hacerlo, pero hay ciertas pistas que te ayudarán. Una es que tu pensamiento se vuelve rígido y repetitivo. Por ejemplo, Cynthia empezó a darse cuenta de que las recriminaciones que se hacía a sí misma se repetían como un disco rayado, el mismo mensaje le venía a la mente una y otra vez. Otra pista es que la historia que te cuenta tu mente te suena a vieja, como una repetición de una experiencia del pasado. Jeffrey se dio cuenta de que su actitud hacia ciertos colegas (*Es un incompetente; de ninguna manera permitiría que alguien me hablara de esta manera*) le resultaba familiar. De hecho, había experimentado algo similar en su trabajo anterior... y en el anterior. El origen del problema no era el entorno de Jeffrey, sino sus propios patrones de pensamientos y sentimientos. Debes darte cuenta de que estás atrapado para poder iniciar el cambio.

Etiqueta tus pensamientos y emociones

Cuando te sientes atrapado, la atención que prestas a tus pensamientos y sentimientos invaden tu mente;

no hay espacio para revisarlos. Una estrategia que puede ayudarte a considerar la situación de manera más objetiva es el simple acto de etiquetar. Del mismo modo que a una espada la llamas espada, a un pensamiento lo llamas pensamiento y a una emoción, emoción. *No hago lo suficiente ni en el trabajo ni en casa* se convierte en *Tengo la sensación de que no hago lo suficiente ni en el trabajo ni en casa*. Igualmente, *Mi colega se equivoca, me hace enfadar* se convierte en *Me parece que mi colega está equivocado, y esto me provoca el enfado*. Etiquetar te permite ver tus pensamientos y sentimientos como lo que son: corrientes de datos pasajeros que pueden ser o no ser útiles. Los humanos somos psicológicamente capaces de tomar esta perspectiva para observar nuestras experiencias personales; y existen cada vez más pruebas científicas que demuestran que una práctica simple, directa y de consciencia plena como esta no solo mejora el comportamiento y el bienestar, sino que también propicia cambios biológicos beneficiosos en nuestro cerebro y a nivel celular. A medida que Cynthia empezó a ralentizar y a etiquetar sus pensamientos, las críticas que antes le habían angustiado como una niebla densa se transformaron en nubes que iban cruzando el cielo azul.

Acéptalos

Lo opuesto al control es la aceptación: no actuar en cada pensamiento o resignarte a la negatividad, sino responder a tus ideas y emociones con una actitud abierta, prestarles atención y permitirte experimentarlas. Respira profundamente 10 veces y siente lo que está pasando en este momento. Esto puede aliviarte, pero no necesariamente te hará sentir mejor. De hecho, puede que incluso te descubra lo disgustado que estás en realidad. Lo importante es mostrar cierta compasión hacia ti mismo (y hacia los demás) y examinar la realidad de la situación. ¿Qué está pasando, tanto interna como externamente? Cuando Jeffrey fue consciente de sus sentimientos de frustración y de enfado, en lugar de rechazarlos, sofocarlos o proyectarlos en los demás, empezó a notar su cualidad energética. Eran una señal de que había algo importante y de que tenía que actuar de una manera productiva. En lugar de gritar a los demás, Jeffrey fue capaz de pedir las cosas con claridad o de moverse con rapidez ante un asunto urgente. Cuanto más aceptaba su ira y más atención le prestaba, parecía que su ira fortalecía su liderazgo en lugar de perjudicarlo.

Actúa desde tus valores

Cuando te liberas de tus pensamientos y emociones difíciles, estás expandiendo tus opciones. Puedes decidir actuar de un modo que se ajuste a tus valores. Animamos a los líderes a centrarse en el concepto de *viabilidad*: ¿Tu respuesta será útil para ti y tu organización tanto a largo plazo como a corto plazo? ¿Te ayudará a encaminar a los demás hacia una dirección que impulsa el propósito colectivo? ¿Estás haciendo lo necesario para llegar a ser el líder que deseas ser y para vivir la vida que quieres vivir? La corriente de

¿CUÁLES SON TUS VALORES?

Esta lista se ha elaborado a partir de la Ficha de Tipos de Valores Personales (2001) desarrollada por W. R. Miller, J. C'de Baca, D. B. Matthews y P. L. Wilbourne, de la Universidad de Nuevo México. Puedes usarla para identificar rápidamente los valores que pueden ayudarte ante un desafío laboral. La próxima vez que tomes una decisión, pregúntate si se ajusta a estos valores.

Amistad
Apertura
Autenticidad
Autoconocimiento
Autonomía
Autoridad
Compasión
Confort
Conocimiento
Contribución
Cooperación
Cortesía
Creatividad
Crecimiento
Cuidado
Deber
Desafío
Diversión
Estabilidad
Exactitud
Familia
Fiabilidad
Generosidad
Honestidad
Humildad
Humor
Inconformidad
Justicia
Logro
Maestría
Moderación
Ocio
Orden
Pasión
Perdón
Poder
Popularidad
Propósito
Racionalidad
Realismo
Responsabilidad
Riesgo
Riqueza
Salud
Seguridad
Servicio
Simplicidad
Tolerancia
Tradición
Utilidad

pensamientos fluye continuamente en tu mente, y las emociones cambian como el tiempo, pero podemos apelar a nuestros valores en cualquier momento, ante cualquier situación.

Cuando Cynthia consideró sus valores, se percató de lo comprometida que estaba tanto con su familia como con su trabajo. Le encantaba estar con sus hijos, pero también sentía pasión por su trabajo. Liberada de sus sentimientos de culpabilidad que tanto la distraían y desmoralizaban, decidió dejarse guiar por sus principios. Se dio cuenta de la importancia de llegar a casa a tiempo para cenar con su familia, y de resistirse a las interrupciones del trabajo durante este tiempo. Pero también se comprometió a realizar algunos viajes de negocios importantes, algunos de los cuales coincidían con actividades del colegio que hubiera preferido no perderse. Segura de que la guiaban sus valores —no solo sus emociones—, Cynthia finalmente encontró la paz y la satisfacción.

Es imposible bloquear pensamientos y emociones difíciles. Los líderes eficientes son conscientes de sus experiencias internas, pero no se dejan atrapar por ellas. Saben cómo liberar sus recursos internos y comprometerse a actuar ajustándose a sus valores. Desarrollar la agilidad emocional no es nada sencillo. Incluso aquellos que, como Cynthia y Jeffrey, practican los pasos que hemos desarrollado con regularidad, pueden quedarse atrapados de nuevo. Pero con el tiempo, los líderes que son cada vez más adeptos a estas prácticas serán los que probablemente prosperen más.

SUSAN DAVID es fundadora del Harvard/McLean Institute of Coaching, colabora con la Facultad de Medicina de Harvard, y es una de las pensadoras líder de la gestión empresarial a nivel internacional. Es autora de *Emotional Agility* (Avery), *bestseller* del *Wall Street Journal*, basado en el concepto que la HBR nombró Management Idea of the Year. Conferenciante y consultora de éxito, David ha trabajado con líderes sénior de centenares de grandes organizaciones, incluidas las Naciones Unidas, Ernst & Young y el Foro Económico Mundial. Puedes realizar tu evaluación de agilidad emocional de manera gratuita en susandavid.com/learn. CHRISTINA CONGLETON es consultora de liderazgo y cambio en Axon Coaching, e investiga el estrés y el cerebro en la Universidad de Denver. Posee también un máster en desarrollo humano y psicología por la Universidad de Harvard.

Reimpresión de *Harvard Business Review*,
noviembre de 2013 (producto #R1311L).

6

Por qué deberías tomarte tiempo para la autorreflexión (incluso si odias hacerlo)

Jennifer Porter

Cuando la gente descubre que me dedico al *coaching* para ejecutivos, a menudo me preguntan cuáles son mis clientes más duros. ¿Los líderes sin experiencia? ¿Los líderes sénior que intimidan y menosprecian a los demás? ¿Los líderes que esquivan las responsabilidades?

La respuesta es ninguno de ellos. Los líderes más difíciles de asesorar son los que no reflexionan, sobre todo los que no reflexionan sobre *sí mismos*.

En pocas palabras, la reflexión implica un pensamiento concienzudo. Pero la clase de reflexión que es realmente útil para los líderes abarca muchos más matices. La reflexión más valiosa involucra la consideración consciente y el análisis de creencias y acciones con el propósito de aprender. La reflexión otorga al cerebro la oportunidad de detenerse en medio del caos, desenredar y clasificar las observaciones y las experiencias, considerar múltiples interpretaciones posibles y darles un sentido. Este significado se convierte en aprendizaje, que puede resultar útil para actitudes y acciones futuras. Para cualquier líder, «dar sentido» es crucial para su crecimiento y desarrollo continuos.

Las investigaciones de Giada di Stefano, Francesca Gino, Gary Pisano y Bradley Staats en distintos centros de llamadas revelaron que los empleados que dedicaban 15 minutos, al final de la jornada, a reflexionar sobre su trabajo rendían un 23 % más pasados 10 días, que los que no reflexionaban.[1] Un estudio sobre los viajeros que se desplazan de casa al trabajo en el Reino Unido mostró unos resultados similares. A los que se les pidió aprovechar el trayecto para reflexionar y planear el día eran más felices, más productivos y estaban menos quemados que los que no lo hacían.[2]

Así pues, si la reflexión es tan útil, ¿por qué muchos líderes no la practican? Porque a menudo:

- *No entienden el proceso.* Muchos líderes no saben cómo reflexionar. Ken, un ejecutivo con quien trabajo, me dijo que todavía no había conseguido dedicar una hora los domingos por la mañana para reflexionar. Para ayudarle a dar el primer paso, le propuse que se tomara los siguientes 30 minutos de la sesión para reflexionar en calma, y que luego lo analizaríamos juntos. Después de cinco minutos en silencio confesó: «En realidad, creo que no sé qué queréis que haga. Puede que sea esta la razón por la que todavía no lo he hecho».

- *No les gusta el proceso.* La reflexión les obliga a hacer un número de cosas que típicamente no les gusta hacer: ralentizar, adoptar una mentalidad abierta y de curiosidad, tolerar el desorden y la ineficiencia, y asumir su responsabilidad. El proceso puede hacerles alcanzar ideas valiosas e incluso descubrimientos importantes —pero también puede llevar a sentimientos incómodos, vulnerabilidad, posturas defensivas e irritación—.

- *No les gustan los resultados.* Cuando un líder dedica tiempo a la reflexión, puede ver cuándo ha sido eficaz, y cuándo podía haberlo hecho mejor. La mayoría de los líderes descartan rápidamente las fortalezas y tienen aversión a las debilidades. Algunos se ponen tan a la defensiva durante el proceso que no llegan a aprender nada, por lo que los resultados son inútiles.

- *Muestran una inclinación para la acción.* Como los porteros de fútbol, muchos líderes prefieren la acción. Un estudio realizado a porteros profesionales reveló que, ante un penalti, los que se quedaban en el centro de la portería, en lugar de lanzarse hacia la derecha o la izquierda, tenían un 33 % más de probabilidades de evitar el gol. Aun así, los porteros solo se quedan en el centro el 6 % de las veces. Los porteros se sienten mejor si «hacen algo». Lo mismo ocurre con muchos líderes. La reflexión puede tener alguna semejanza con quedarse quieto en el centro de la portería y olvidarse de la acción.

- *No pueden ver un buen ROI.* De sus posiciones anteriores, a los líderes se les enseñó a invertir allí donde pueden generar un retorno de la inversión positivo —unos resultados que indican la contribución del tiempo, el talento o el dinero invertidos—. A menudo, es difícil ver la contribución de la reflexión al ROI, especialmente si se compara con otros usos del tiempo de un líder.

Si alguna vez te has visto dándote las mismas excusas, puedes ser más reflexivo practicando estos simples pasos:

- *Identifica algunas preguntas relevantes.* Pero todavía no las respondas. Aquí hay algunas posibilidades:

- ¿Qué estás evitando?
- ¿Cómo estás ayudando a tus colegas a cumplir sus objetivos?
- ¿Cómo *no* estás ayudándolos o, incluso, cómo estás entorpeciendo su progreso?
- ¿Qué estás haciendo que perjudica esa relación laboral que tan poco te gusta?
- ¿Cómo podías haber sido más eficaz en una reunión reciente?

• *Selecciona un proceso de reflexión que se ajuste a tus preferencias.* Mucha gente reflexiona escribiendo un diario. Si te parece aburrido y prefieres hablar con un colega, adelante. Mientras reflexiones y no estés charlando sobre el último acontecimiento deportivo o quejándote de un colega, cómo lo hagas depende de ti. Puedes sentarte, andar, ir en bicicleta o estar de pie, solo o acompañado, y escribir, hablar o pensar.

- *Programa tu calendario.* Muchos líderes siguen un calendario. Así pues, organiza tu tiempo para reflexionar y comprométete a mantenerlo. Si te ves intentando esquivarlo o evitarlo, ¡reflexiona por qué lo haces!

- *Empieza poco a poco.* Si te parece que una hora de reflexión es demasiado, intenta 10 minutos. Teresa Amabile y sus colegas señalaron que el motor más importante de las emociones y motivaciones positivas en el trabajo era progresar en las tareas que se están realizando. Mentalízate para hacer progresos, incluso si te parece que son menores.[3]

- *Hazlo.* Vuelve a tu lista de preguntas y analízalas. Detente. Piensa. Considera múltiples perspectivas. Considera lo contrario de lo que inicialmente crees. Haz una lluvia de ideas. No tienes por qué estar de acuerdo con todos tus pensamientos ni tienen que agradarte todos —solo piensa y examina tus pensamientos—.

- *Pide ayuda.* Para muchos líderes, la falta de voluntad, tiempo, experiencia o habilidad puede entorpecer la reflexión. Considera trabajar con un colega, terapeuta o *coach* para que te ayude a encontrar el tiempo, para que te escuche con atención y que te tenga en consideración.

A pesar de las dificultades para la reflexión, su impacto es claro. Como Peter Drucker dijo: «Sigue la acción efectiva con reflexión sosegada. De la reflexión sosegada surgirá todavía más acción efectiva».

JENNIFER PORTER es socia directora de The Boda Group, una empresa de desarrollo de liderazgo y equipos. Se graduó en Bates College y en Stanford Graduate School of Business. Es directora de operaciones con amplia experiencia, además de *coach* de ejecutivos y equipos.

Notas

1. Giada Di Stefano, Francesca Gino, Gary P. Pisano y Bradley R. Staats, «Making Experience Count: The Role of Reflection in Individual Learning», documento de trabajo 14-093, Harvard Business School, 2014.

2. Jon M. Jachimowicz et al., «Commuting as Role Transitions: How Trait Self-Control and Work-Related Prospection Offset Negative Effects of Lengthy Commutes», documento de trabajo 16-077, Harvard Business School, 2016.
3. Teresa Amabile y Steven J. Kramer, «The Power of Small Wins», *Harvard Business Review*, mayo de 2011.

Reimpresión de hbr.org, publicada originalmente
el 21 de marzo de 2017 (producto #H03JnJ).

7

Tú, según los números

H. James Wilson

Unos años atrás, el emprendedor y científico Stephen Wolfram escribió un artículo en su blog titulado «The Personal Analytics of My Life».[1] En él esquematizó los datos sobre el uso que hacía del correo electrónico, sobre el tiempo que dedicaba a las reuniones e incluso sobre el número de pulsaciones de teclado que registró *durante 22 años.* Los diagramas y gráficos resultantes son fascinantes, incluso instructivos hasta cierto punto. Wolfram ha documentado que es un hombre de rutinas a quien le gusta trabajar en soledad y hasta altas horas de la noche. Sabe que, aunque sus llamadas telefónicas programadas generalmente respetan el horario, sus reuniones físicas son menos predecibles —y que pulsa la tecla de suprimir el 7% del tiempo que usa el teclado—. Este «esfuerzo de autoconciencia», así lo describe Wolfram, lo convierte en un pionero de la creciente disciplina del *autoanálisis*: la práctica voluntaria de recoger y analizar datos de uno mismo para mejorar. Ya hace mucho tiempo que los atletas usan el análisis estadístico visual para incrementar su rendimiento. Ahora, la autoanalítica está prosperando también en el ámbito laboral. Con los dispositivos ponibles, los móviles y las aplicaciones, la visualización de datos sofisticada y la IA, resulta bastante fácil no solo monitorizar nuestra actividad en la oficina —y los factores que pueden afectarla—, sino también usar esta información para tomar mejores decisiones sobre dónde enfocar nuestro tiempo y energía.

Esto anuncia un cambio importante en la manera de encajar la monitorización de nuestro rendimiento laboral, así como en la planificación de nuestra carrera profesional. Desde tiempo atrás, los empleados están monitorizados, pero tradicionalmente los directivos han escogido las herramientas y las métricas y, aún más importante, han decidido cómo interpretar los datos. Con el autoanálisis, el individuo toma el control. Puede desarrollar experimentos autónomos para identificar qué tareas y técnicas le hacen ser más productivo y estar más satisfecho, y a partir de ahí, implementar los cambios necesarios.

Wolfram se dio cuenta de que su rutina «sorprendentemente regular» lo liberaba y le permitía ser «enérgico —y espontáneo— en asuntos intelectuales y otras tareas». Pero no usó los datos con el fin de descubrir formas de mejorar su rendimiento; y por eso su artículo en el blog es tan cauteloso como innovador, ya que pone de relieve los inconvenientes de aceptar el autoanálisis sin adoptar antes un plan. Sin un objetivo claro desde el principio, Wolfram necesitó dos décadas para sintetizar su vasta recopilación de datos. Incluso llegado a ese punto, se detuvo en la fase de observación en lugar de progresar hacia el análisis y la intervención. ¿Qué mejoras podía haber realizado basándose en los hallazgos? ¿Habría sido más útil trazar, por ejemplo, las líneas de tiempo de sus proyectos en comparación con sus niveles de estrés? O, dado que dirige su empresa remotamente, ¿los estados de ánimo en comparación con el tiempo que pasaba con los demás?

Si estas cuestiones no se abordan desde el principio, el autoanálisis corre el riesgo de convertirse en un concepto prometedor, pero mal aplicado, que después se descartará como una novedad tecnológica más que habrá pasado de moda. Para hacerlo bien, tienes que entender las herramientas y desarrollar un enfoque. El objetivo no es solo aumentar la autoconciencia, sino mejorar en tu trabajo y estar más satisfecho con la vida que llevas.

Las herramientas

Hay dos grandes tipos de herramientas para el autoanálisis. El primer tipo son las de seguimiento (*trackers*), que revelan patrones que te ayudan a establecer objetivos. Te permiten documentar rutinas y respuestas físicas, como las horas de sueño, el ritmo cardíaco y los alimentos consumidos o las calorías quemadas —información que puedes usar para saber, por ejemplo, cómo el consumo de cafeína y de azúcar afectan tu rendimiento laboral, o qué interacciones en la oficina hacen subir tu presión arterial—. Estas herramientas se usan óptimamente de manera longitudinal (a lo largo de varios días, semanas o incluso durante más tiempo) y de manera iterativa, con el fin de ir probando intervenciones y sus resultados hasta que se encuentra el equilibrio. Recoges unos datos personales como punto de partida y luego realizas ciclos de recopilación y análisis de datos.

Este análisis te prepara para el segundo tipo de herramientas, las de estímulo (*nudgers*), que te guían para llegar a tus objetivos, preguntándote o motivándote para que actúes, basándose en los datos que han recibido. A menudo, son aplicaciones o herramientas en línea que te aconsejan que hagas ejercicio, que dejes el café o que bajes el ritmo durante una presentación. Generalmente, estas herramientas requieren algún tipo de recopilación previa de datos para que sus algoritmos «sepan» cómo y cuándo enviarte un aviso.

El análisis

¿Qué se puede medir, exactamente? Usando casos de éxito e investigaciones, he desarrollado un marco que incluye tres escenarios donde el autoanálisis puede ser útil: el yo físico, el yo pensante y el yo emocional (cuerpo, mente y espíritu).

El yo físico

Tu condición física afecta tu trabajo. Esto lo sabemos desde la Revolución Industrial, cuando los famosos estudios acerca del tiempo y el movimiento de Frederick Taylor demostraron que los movimientos de los trabajadores en una fábrica de acero, tales como palear arrabio a un carro, podían ser medidos

LA AUTOMEDICIÓN A SIMPLE VISTA

Las herramientas del ámbito del autoanálisis a menudo emplean algoritmos de comportamiento para hacer recomendaciones a sus usuarios. Los sensores de los dispositivos ponibles recogen la información, que puede visualizarse en dispositivos móviles u ordenadores. La mayoría de las herramientas se centran en uno de los tres dominios personales.

El yo físico

Las herramientas que miden y monitorizan los movimientos físicos y las funciones corporales te ayudan a tomar mejores decisiones sobre tu eficacia profesional y tu bienestar. Las herramientas de seguimiento del sueño recogen datos sobre la cantidad y la calidad de tu sueño. Esto te permite comprender por qué te sientes en estado de alerta (o de letargo) en ciertos días de la semana, además de optimizar la relación entre el descanso y el rendimiento. Las herramientas

(*continúa*)

LA AUTOMEDICIÓN A SIMPLE VISTA

de seguimiento del movimiento cuentan los pasos que has hecho y pueden aconsejarte que te levantes cuando has estado sentado demasiado tiempo.

El yo pensante

Las herramientas que se centran en el yo pensante recopilan datos relacionados con las rutinas, los hábitos y la productividad en el trabajo del conocimiento. Las herramientas de seguimiento de la atención que se basan en los datos de navegación por internet, por ejemplo, visualizan patrones que reflejan dónde y cuánto fluye tu atención a través de distintas categorías mientras usas la red.

---

y mejorados. De igual modo, se ha comprobado que los patrones de sueño, los niveles de estrés y el ejercicio de los trabajadores del conocimiento tienen un efecto sobre la productividad, la creatividad y el rendimiento general en el trabajo. Hoy en día, un

El yo emocional

Las herramientas que miden las emociones incrementan la consciencia de los usuarios acerca de cómo las decisiones, las situaciones y las acciones profesionales se correlacionan con el estado de ánimo. Una aplicación que monitoriza el estado de ánimo, por ejemplo, puede preguntarte de manera ocasional acerca de tu estado anímico a lo largo de cierto tiempo. Luego puede hacerte recomendaciones, en función de los conocimientos de prácticas clínicas y de investigaciones, sobre cómo mejorar tu rendimiento y satisfacción laboral.

empleado puede escoger entre una variedad de aplicaciones móviles, sensores ponibles o herramientas de escritorio que recopilan datos, de manera autónoma, acerca de los movimientos y los sistemas fisiológicos de su cuerpo.

Sacha Chua, una consultora empresarial, quería comprender la relación entre su horario de sueño y la realización de sus prioridades profesionales, así que probó distintas herramientas para este propósito. Usando una aplicación que monitorizaba el sueño, pudo hacer un seguimiento de su horario de ir a la cama y de levantarse, de la cantidad de sueño por la noche y de la calidad del sueño a lo largo de varias semanas. (Ver el cuadro «La automedición a simple vista»). Con esta información y con la hipótesis de que se levantaba demasiado tarde, intentó levantarse más temprano: a las 5:40 en lugar de las 8:30.

Chua descubrió que dormía *más* y mejor con el nuevo horario. Además, tanto su compromiso como su rendimiento en el trabajo mejoraron. Parecía que la nueva rutina la forzaba a evitar actividades nocturnas sin importancia —como navegar por la red— y propiciaba que fuera a la cama más temprano. En lugar de desperdiciar sus mañanas con sueño de poca calidad apretando el botón de repetición de alarma del despertador una y otra vez, podía usar el tiempo para escribir y programar. Este ejercicio era expresamente para el sueño, pero los datos que Chua obtuvo le permitieron explorar, priorizar y actuar sobre lo que realmente le importaba personal y profesionalmente de un modo más riguroso.

El yo pensante

En la década de los sesenta, Peter Drucker legitimó el hecho de cuantificar el yo pensante en unidades de trabajo del conocimiento. Aunque el trabajo del conocimiento sigue siendo muy difícil de medir de manera rigurosa o directa mientras se está realizando, sus resultados siguen monitorizándose con aproximaciones como horas facturables, informes enviados o líneas de código escritas. Estas medidas pueden ser útiles para los directivos y los sistemas financieros, pero no son representativas a la hora de guiar a los individuos que quieren saber cómo mejorar en su trabajo. La autoanalítica puede ayudarte recopilando datos mientras desarrollas tareas cognitivas, tales como buscar información sobre un cliente con tu teléfono móvil o hacer un análisis estadístico en Excel.

El ingeniero de Google Bob Evans usaba tanto las herramientas de seguimiento como las de impulso para investigar la relación entre su atención y su productividad. Él mismo lo explicaba así: «Como ingenieros, cargamos nuestras cabezas con todas estas variables, las piezas intelectuales de los sistemas que estamos construyendo. Si nos distraemos, perdemos este hilo en nuestras cabezas».

Con una herramienta que interactúa con calendarios en línea, Evans analizó la frecuencia con la cual alternaba entre el pensamiento en solitario y la interacción con colegas a lo largo del día y de las semanas, y luego comparó los datos con su rendimiento laboral. Estos datos le mostraron que necesitaba alrededor de cuatro horas seguidas para realizar una tarea ambiciosa. Ahora se centra en los trabajos más difíciles cuando sabe que dispone de este tiempo, no durante los días en los que las reuniones pueden entorpecer su flujo mental.

Evans también utiliza una aplicación móvil que aleatoriamente, tres veces al día, le pregunta cosas como: «¿Has estado trabajando las dos últimas horas?». Si la respuesta es negativa, la aplicación le aconseja volver al trabajo. Si es afirmativa, recibe más preguntas: «¿Cuál era la actividad principal?», «¿Cuál era la secundaria?». Este enfoque de recopilación de datos, desarrollado por el psicólogo Mihaly Csikszentmihalyi, es el Método de Muestreo de las Experiencias, el MME (ESM, según las siglas en inglés). Justo pasada la primera semana de las tres que duró el experimento de Ewans, los datos del MME empezaron a revelar que respondía los correos electrónicos con demasiada frecuencia, y que eso distraía de las tareas más importantes. Así pues, empezó a contestarlos solo dos veces al día para comprobar si incrementaba su productividad. Lo hacía. A la tercera semana, cada vez que la aplicación le enviaba una notificación, estaba en medio de una tarea principal. (Cabe decir que un colega de Evans ajustó la aplicación para que le avisara *ocho* veces al día. Se frustró tanto que enseguida abandonó el experimento).

El yo emocional

Daniel Goleman señaló que casi el 90 % de la diferencia entre líderes destacados y líderes corrientes puede atribuirse a factores emocionales, no a la perspicacia intelectual. Por supuesto, a muchos profesionales les intriga el papel de las emociones en sus carreras laborales, y aspiran a ser más conscientes de sus estados emocionales y de cómo gestionarlos. Pero las herramientas y los asesores que se especializan en la inteligencia emocional son caros, intrusivos y a menudo están reservados para los miembros selectos del C-suite.

Las herramientas de autoanálisis no miden la inteligencia emocional *per se*, pero ofrecen un método más sencillo para entender las emociones y usar datos para mejorar las predicciones de lo que nos hace felices en nuestro trabajo diario y, en definitiva, en nuestras carreras profesionales. Muchas aplicaciones y herramientas monitorizan los estados de ánimo preguntando al usuario: «¿Cómo te sientes ahora mismo?». Si utilizas una con un teléfono móvil con GPS, podrás descubrir correlaciones entre tus emociones y tu localización. ¿Eres más feliz trabajando desde casa, en Starbucks o en la oficina? ¿Eres menos feliz cuando estás con tus clientes o cuando estás de viaje? O, usando una herramienta que analiza datos textuales –como el tipo de palabras en tus comunicaciones por correo electrónico o en tu diario–, puedes cuantificar tus sentimientos sobre un proyecto en particular o una oportunidad laboral.

Estas herramientas no sustituyen la reflexión personal, pero pueden facilitar el proceso. Veamos el caso de Marie Dupuch, una estratega de marca que desde siempre había envidiado la gente que «podía reconocer su estado de ánimo e identificar exactamente sus causas». Sabiendo que ella no era tan intuitiva, probó un enfoque cuantitativo para entender sus emociones.

A punto de graduarse en la universidad, y con la presión de «reflexionar bien las cosas» antes de entrar en el mercado laboral, empezó a hacer un seguimiento de sus estados de ánimo. Durante el último trimestre en la universidad, usó una versión beta de una aplicación de rastreo que le instaba a calificar su estado de ánimo según una escala de cinco puntos, tres veces al día. Al principio, los resultados eran predecibles: hablar con los amigos y la familia por Skype le alegraban; viajar en transporte público la deprimía. Pero un dato destacó por encima de los demás: los jueves eran sus días más felices, lo que le sorprendió, ya que también eran los más ocupados.

Cada jueves Dupuch iba desde el campus universitario hasta la ciudad para un curso de publicidad con conferenciantes invitados, el cual requería interacción con ejecutivos de publicidad y otros perfiles creativos. Dedujo que la exposición en el mundo de la publicidad en un entorno urbano era lo que hacía que sus días más difíciles fueran los más felices. Así pues, decidió poner a prueba su teoría: durante cinco días se entrevistó con agencias de publicidad en Manhattan y registró su estado de ánimo todo el tiempo. Entonces, llegó a esta conclusión: «Gracias a esta prueba pude ver con datos reales que la publicidad era una buena apuesta para mi futuro, que este era el tipo de profesión que me haría feliz». Hoy en día trabaja feliz y productivamente en la industria publicitaria en Nueva York.

Por supuesto, monitorizar de manera efectiva tus emociones presupone que puedes tener una visión analítica —e incluso clínica— de tu estado de ánimo a medida que se van recopilando datos. Esto es bastante distinto de hacer un seguimiento de las horas de sueño o del número de correos electrónicos enviados. Dupuch es una de las muchas personas con las que he hablado que afirma que el proceso parece poco natural al principio, pero que se va haciendo fácil con la práctica y, con el tiempo, mejora la habilidad para identificar y reaccionar ante tus estados de ánimo.

El futuro

Todavía es temprano para el autoanálisis. Sin embargo, universidades y empresas privadas están desarrollando nuevas líneas de investigación basadas en la ciencia cognitiva y conductual. Un proyecto llamado Quantified Self ofrece oportunidades para individuos que quieran probar herramientas de autoanálisis y métodos experimentales. Además, nuevos enfoques sobre el terreno acerca de la visualización de datos e innovación en algoritmos en el ámbito del análisis administrativo tienen una aplicación directa para los que practican y los que desarrollan herramientas para el autoanálisis.

Asimismo, se están desarrollando dos tendencias. La primera indica que las herramientas serán más sofisticadas. Algunas serán más inteligentes, con algoritmos de aprendizaje automático que permiten que el sistema de estímulos tenga más matices y así, por ejemplo, pueda saber mejor cuándo y cómo enviarte una señal. También serán más precisas, ya que recopilarán otro tipo de datos relacionados con la dieta y la actividad física con mucha más rapidez. Algunas herramientas serán menos visibles —cosidas entre la ropa para captar datos físicos, por ejemplo, o insertadas en herramientas profesionales como hojas de cálculo o procesadores de texto—.La segunda tendencia indica que se desarrollará una aproximación más holística al autoanálisis. Las aplicaciones consolidarán muchos tipos de medición en un solo panel, además de permitirnos analizarnos a nosotros mismos a través de dimensiones mucho más complejas.

Algunas herramientas ya combinan funciones de seguimiento y de estímulo —y pueden añadir una dimensión social—. Te instan a fijar un objetivo, como por ejemplo incrementar el número de llamadas o conversaciones de ventas con informes directos semanales, y luego a usar indicadores digitales que te ayudarán a analizar el progreso diario hasta que alcances tu objetivo. Para aumentar la motivación, envían señales o incluso imponen pequeñas sanciones económicas cuando te desvías de la ruta. Y pueden usarse socialmente para que otras personas con el mismo objetivo puedan compartir datos y animarse unos a otros, como se hace en un club de adelgazamiento.

Nick Winter, emprendedor en el ámbito de la tecnología, ha usado con éxito esta metodología. Cuando creyó que su productividad estaba estancada y notó que su nuevo negocio peligraba, empezó a recopilar datos de sus actividades laborales y de su rendimiento. Durante un periodo de 10 meses, Winter probó cuatro enfoques distintos para ser más productivo, desde la monitorización de las hojas de cálculo hasta herramientas de estímulo. Decidió adoptar una técnica de autoanálisis denominada «trazado de *feedback* en percentiles» que le ayuda a ver las tendencias de su actividad con claridad. Además, ha reunido en línea un grupo de personas con las mismas inquietudes para comparar sus métricas —y competir entre ellos—.

Otro ejemplo de consolidación de datos es Personal Analytics Companion (PACO), una aplicación móvil de acceso abierto diseñada por Bob Evans de

Google, que ya conocemos. «En lugar de tener un gran número de aplicaciones verticales, desde las de seguimiento de estados de ánimo hasta las de reuniones, este es el único sitio desde el que (...) podrás analizar y comparar todos tus datos juntos», dice Evans. «Puedes ver tendencias, distribuciones, relaciones.»

Imagina una aplicación de autoanálisis que ayuda a un directivo a aplazar una sesión de innovación, porque sabe que no ha dormido bien, que su largo trayecto hasta la oficina le ha estresado, y que tiene una reunión de presupuestos muy aburrida justo antes de la sesión. O piensa en un trabajador del conocimiento que se prepara, antes de una evaluación de su desempeño, con datos de referencia personales que apoyarán o contrarrestarán la evaluación de su superior.

Hacia allí es donde se dirige el autoanálisis. Mientras el análisis revela un mayor rendimiento en tareas secundarias, el autoanálisis puede incluso ser el estímulo para un cambio de carrera. Imagínate sentir menos estrés al tomar una decisión tan importante como esta sabiendo que dispones de datos que la respaldan.

Aplicado correctamente, el autoanálisis puede ofrecer indicios sólidos en situaciones donde tradicionalmente hemos recurrido a la intuición y al *feedback* anecdótico. Cuantificarse a uno mismo es una experiencia reveladora y, posiblemente, sea lo mejor que puedes hacer para mejorar tu vida y tu carrera profesional.

H. JAMES WILSON es director general de Tecnología de la Información e Investigación Empresarial en Accenture Research. Síguelo en Twitter @hjameswilson. Wilson es coautor con Paul Daugherty de *Human + Machine: Reimagining Work in the Age of AI* (Harvard Business Review Press, 2018).

Nota

1. Stephen Wolfram, «The Personal Analytics of My Life», (artículo de blog), 8 de marzo de 2012, http://blog.stephenwolfram.com/2012/03/the-personal-analytics-of-my-life/.

Adaptación de *Harvard Business Review*, septiembre de 2012, (reimpresión #R1209K).

8

¿Cómo te perciben en el trabajo? Un ejercicio para descubrirlo

Kristi Hedges

No es fácil entender cómo nos perciben los demás. A menudo, no tenemos la certeza, la seguridad o, incluso, la menor idea de lo que proyectamos. Y esta falta de autoconciencia puede limitar nuestra carrera profesional.

Toma como ejemplo el caso de un antiguo cliente. Se postulaba para entrar en el C-suite, pero había recibido el *feedback* de que sus compañeros lo consideraban negativo y difícil. No se lo esperaba; se consideraba una persona analítica y rigurosa, y suponía que todos entendían que frenaba los proyectos para alcanzar la mejor solución. Tampoco era consciente de que hacía muecas cuando procesaba información, que los demás veían como una señal de desaprobación.

Mi cliente sufría de lo que los psicólogos llaman la *ilusión de transparencia* —creer que somos como libros abiertos y que lo que queremos proyectar es lo que los demás ven—. Pero puede haber un abismo entre lo que pretendemos proyectar y el impacto que tiene. En general, las personas no somos conscientes de nuestras expresiones faciales, especialmente cuando estamos sumidos en nuestros pensamientos. (Como dice un compañero mío, «Las caras pensantes no son bonitas»). Y algunas emociones pueden ser difíciles de interpretar. La frustración y una pequeña incomodidad, por ejemplo, pueden confundirse fácilmente.

Saber que la mayoría de nosotros no proyectamos con claridad lo que pretendemos no impide que nos formemos, y con toda confianza, impresiones basadas en el *impacto* que percibimos. Y en las organizaciones estas impresiones son a menudo colectivas (como una especie de Yelp fuera de línea para personas) y puede que incluso surja un relato compartido. Estos relatos se comparten como un consejo (*¿Empiezas a trabajar con Ana? Esta es la mejor manera de trabajar con ella*) o se difunden como chismes maliciosos (*Claude ya vuelve a competir por el poder*).

Acceder a esta impresión colectiva puede proporcionarnos información valiosa para saber qué funciona para nosotros y dónde deberíamos ajustar nuestro estilo. Incluso si recibimos *feedback* frecuente en el trabajo, normalmente es sobre nuestro rendimiento funcional. Puede que te aconsejen perfilar tus competencias comerciales, pero por lo general no te dirán que eres un egoísta. ¿Cuál tendría un mayor impacto en tu carrera laboral?

En *The Power of Presence*, describo una auditoría de presencia muy clara y directa para determinar cómo te perciben los demás. Tan solo son necesarias un par de preguntas bien formuladas a ciertas personas para recibir la información deseada. (Si alguna vez has realizado una evaluación de 360 grados, habrás visto lo rápido que las impresiones empiezan a repetirse).

Este ejercicio no te tomará demasiado tiempo, pero puede ser psicológicamente intenso. Así pues, ten en cuenta que nunca encontrarás el momento adecuado para hacerlo y asume que ahora es el momento perfecto.

Puedes utilizar este proceso a modo de guía:

- *Selecciona cinco personas.* Escoge colegas que te ven repetidamente en situaciones laborales relevantes: jefes, ejecutivos, superiores directos, compañeros o incluso excolegas. Los compañeros influyentes que son muy observadores son una buena fuente de información. Si además te conocen en otros aspectos de tu vida, mejor. Si bien es importante que escojas personas en las que puedas confiar, asegúrate de que además sean claras y directas.

- *Solicita una reunión cara a cara.* Indícales claramente que lo que te dirán será confidencial, lo que propiciará la honestidad, y que recopilarás *feedback* de varias personas, lo que les aliviará. Si puede ser, haz la petición en persona, ya que es más probable que acepten. Puedes hacer una llamada si no puedes estar físicamente delante de ellos. Si tienes que hacer la petición por correo electrónico, ofrécete para responder cualquier pregunta antes de la reunión.

- *Haz dos preguntas.* Durante la reunión, haz estas dos preguntas, formuladas para llegar al conocimiento colectivo:

1. *¿Cuál es la percepción general de mi persona?*
2. *¿Qué podría hacer de manera diferente que pueda tener el mayor impacto en mi éxito?*

Dependiendo de la persona, escucharás respuestas que serán desde reveladoras y útiles hasta vagas y confusas. Si crees que la persona no se siente cómoda, puede que se apoye en *feedback* específico del trabajo o de un proyecto. En este caso, puedes continuar:

> *Te agradezco la información. ¿Puedo ir un paso más allá y preguntarte acerca de la percepción general de mí como líder/colega/persona?*

- *Controla tu reacción.* Resiste la tentación de explicarte, de defender tus acciones o de mostrar decepción. Tus entrevistados estarán pendientes de ver el efecto de su *feedback* sobre ti en tiempo real. La calidad de esta información será buena dependiendo de tu habilidad para sentirte cómodo mientras lo recibes. Pide más detalles o ejemplos si crees que los necesitas, y termina con un agradecimiento sincero.

Cuando hayas terminado las reuniones, busca los puntos que se han ido repitiendo (no pasa nada si ignoras observaciones atípicas, siempre y cuando no contengan información valiosa). Si las percepciones están acordes con tus propósitos, fantástico. Si no, es hora de cambiar tu comportamiento y dar la vuelta a las percepciones sobre tu persona.

Muchas veces, los clientes regresan después de completar este ejercicio y me dicen: «¿Por qué nadie me lo dijo antes? ¡Puedo cambiarlo fácilmente!».

Esto es lo que le ocurrió al cliente que era percibido como negativo y difícil del que hemos hablado anteriormente. Cuando se dio cuenta de que lo estaban malinterpretando, se comprometió a exponer sus intenciones con claridad para conseguir transparencia. Ajustó su estilo en las reuniones para formular preguntas abiertas y demostrar, así, que pretendía comprender el punto de vista de los demás. Y trabajó duro para controlar las muecas y mantener una expresión facial neutra que mostrara apertura. Gradualmente, consiguió cambiar percepciones y que los demás vieran la persona empática y afectuosa que era.

La ilusión de transparencia es una trampa muy común entre los directivos de todos los niveles. Afortunadamente, es posible cerrar la brecha entre cómo te perciben los demás y cómo quieres que te vean. Recopila información fiable y luego comprométete a cambiar.

KRISTI HEDGES es *coach* de liderazgo sénior especializada en comunicaciones ejecutivas y autora de *The Inspiration Code: How the Best Leaders Energize People Every Day* y *The Power of Presence: Unlock Your Potential to Influence and Engage*

Others. Es presidenta de The Hedges Company y miembro de facultad en el Institute for Transformational Leadership de la Universidad de Georgetown.

Reimpresión de hbr.org, publicado originalmente el 19 de diciembre de 2017 (producto #H04316).

9

Cómo solicitar *feedback* negativo cuando tu superior no quiere dártelo

Deborah Grayson Riegel

Como *coach* de liderazgo, escucho a mis clientes repetir una y otra vez que ansían recibir *feedback* negativo de su superior para mejorar en el trabajo, crecer en sus carreras y obtener mejores resultados. Sin embargo, se encuentran que sus superiores prefieren evitarlo, retrasarlo o se niegan a dárselo, en lugar de comunicar directamente, honestamente y de inmediato lo que no funciona y lo que es necesario cambiar.

Es lógico si consideras los peligros que acarrea dar o recibir *feedback* negativo. En el artículo «How to Give Negative Feedback When Your Organization is "Nice"», mi colega Jennifer Porter menciona las barreras que surgen a la hora de dar esta información, como herir los sentimientos de la otra persona; el deseo de mantener la profesionalidad (en lugar de permitir «líos» en la oficina); la falta de un modelo a seguir que la ofrezca; la perspectiva de un arrebato emocional; o no querer poner en riesgo el ambiente «agradable».[1]

Las investigaciones adicionales de los profesores Naomi Eisenberger y Matthew Lieberman, de la Universidad de California, junto con el profesor Kipling D. Williams, de la Universidad Purdue, demuestran que el *feedback* negativo se puede experimentar como una forma de rechazo social («Me estás diciendo que no soy lo suficientemente bueno y que no debería estar aquí» es una interpretación frecuente), y que este hiere emocionalmente *y* físicamente.[2] Pocos superiores quieren que sus informes directos hieran los sentimientos y provoquen una crisis emocional, una pérdida de compromiso o, incluso, represalias.

Sin embargo, cuando las personas no recibimos *feedback* negativo útil, no podemos crecer. Según el artículo «Your Employees Want the Negative

Feedback You Hate to Give», de los autores Jack Zenger y Joseph Folkman, cuando se preguntó qué era lo más útil en sus carreras profesionales, el 72 % de los entrevistados atribuyó la mejora de su rendimiento al hecho de recibir *feedback* negativo de sus superiores.[3] El mismo estudio también reveló que estos se mostraban reacios a proporcionarlo.

Bill Gates coincide: «Todos necesitamos que nos den *feedback* negativo. Así es cómo mejoramos».[4]

Así pues, ¿qué harás si sabes que necesitas esta información para tener éxito, y nadie te dice nada? Olvídate de pedirla directamente (ya lo has intentado, ¿verdad?) y prueba una de estas estrategias más creativas:

- *En primer lugar, proporciónate* feedback *negativo a ti mismo.* De acuerdo con Adam Grant, autor y profesor en Wharton, «Cuando la gente evita proporcionar *feedback* constructivo, a menudo es porque no quieren herir tus sentimientos. Pero si te escuchan hablar de tus errores, su miedo se evapora». Puedes empezar diciendo algo así: «Sé que acostumbro a trabajar rápido y a veces paso por alto detalles importantes. Me gustaría mejorar este aspecto». Y luego, cuando has conseguido que hablen, puedes preguntarles: «¿Y hay alguna otra cosa que podría empezar a hacer ahora mismo para mejorar?».[5]

- *Haz de la autosuperación un compromiso personal, y pide ayuda.* Si solicitar *feedback* negativo directamente no funciona, explícale a tu superior que te has comprometido a ti mismo mejorar tres aspectos este año, y que te gustaría obtener su opinión de cuál o cuáles deberían ser. Pregúntale: «¿Te importaría ayudarme a mantener este compromiso que me he hecho a mí mismo?». Así, podrá considerar el *feedback* más como una manera de ayudarte en la consecución de tu compromiso y menos como algo que pueda herir tus sentimientos.

- *Replantea el* feedback *negativo como una oportunidad para aprender*. Si tu superior, un compañero o un cliente se muestra reticente a la hora de ofrecerlo directamente, pregúntale: «¿Qué crees que podría aprender de ti?». Esto le da la oportunidad de reflexionar sobre sus propios talentos y capacidades (lo que hace sentir bien a muchas personas), y compartir su opinión sobre cómo podría ayudarte a crecer —y todo esto en un contexto sin amenazas—. (Si tienes mucha suerte, incluso te preguntará: «¿Y tú qué crees que podría aprender de ti?», y será tu turno para proporcionar una crítica negativa amable).

- *Minimiza el impacto del* feedback *negativo anticipándolo*. Cuando las personas están dispuestas a ofrecerlo, a menudo lo suavizan con un «solo una pequeña cosa, no es nada importante» con el fin de minimizar el impacto. Puedes hacerlo tú mismo preguntando: «Si pudiera

> cambiar solo un pequeño hábito, ¿cuál crees que debería ser?». Esto les hace entender que no tienen que minimizar, disculparse o poner el *feedback* negativo en contexto para hacértelo más agradable —ya lo has hecho tú mismo—.

Cualquier directivo debería ser capaz de proporcionar *feedback* negativo, pero si no lo hace, debes aprender cómo solicitarlo para obtener la información necesaria para crecer en tu trabajo y en tu carrera profesional.

DEBORAH GRAYSON RIEGEL es directora de The Boda Group, una empresa de liderazgo y desarrollo de equipos. Asimismo, es profesora de comunicación empresarial en Wharton School of Business de la Universidad de Pensilvania.

Notas

1. Jennifer Porter, «How to Give Negative Feedback When Your Organization Is "Nice"» *Harvard Business Review*, 14 de marzo de 2016; Amy Jen Su, «How to Give Negative Feedback to People Who Cry, Yell, or Get Defensive», *Harvard Business Review*, 21 de septiembre de 2016.

2. Naomi I. Eisenberger, Matthew D. Lieberman y Kipling D. Williams, «Does Rejection Hurt? An fMRI Study of Social Exclusion», *Science* 302, no. 5643 (octubre de 2003): 290-292.
3. Jack Zenger y Joseph Folkman, «Your Employees Want the Negative Feedback You Hate to Give», *Harvard Business Review*, 15 de enero de 2014.
4. Jana Kasperkevic, «Bill Gates: Good Feedback Is the Key to Improvement», *Inc.*, 17 de mayo de 2013.
5. Adam Grant, «Wondering» (blog), enero de 2018, http://www.adamgrant.net/wondering.

Reimpresión de hbr.org, publicado originalmente
el 5 de marzo de 2018 (producto #H046U4).

10

Encuentra el *coaching* en la crítica

Sheila Heen y Douglas Stone

El *feedback* es determinante. Es obvio: mejora el rendimiento, desarrolla el talento, ajusta expectativas, resuelve problemas, guía promociones y salarios, y aumenta el balance final.

Pero, por otro lado, también es cierto que en muchas organizaciones el *feedback* no funciona. Una ojeada a las estadísticas lo explica: solo el 36 % de los directivos completan las evaluaciones concienzudamente y a tiempo. En una encuesta reciente, el 55 % de los empleados dijeron que su última evaluación de resultados no había sido justa o precisa, y uno de cada cuatro aseguraba que temía estas evaluaciones más que otra cosa en su vida profesional. Cuando se preguntaba a ejecutivos sénior de RR. HH. cuál era el mayor reto en la gestión del rendimiento, el 63 % mencionaba la incapacidad o la falta de voluntad de los directivos para tener discusiones complicadas de *feedback*. ¿*Coaching* y mentoría? Distintos en el mejor de los casos.

La mayoría de las empresas intentan abordar estos problemas formando líderes que sean capaces de proporcionar *feedback* con más eficacia y frecuencia. Hasta aquí, ningún problema; todo el mundo se beneficia cuando los directivos son buenos comunicadores. Pero mejorar las capacidades del que ofrece esta información no servirá de mucho si el receptor no puede asimilarla. Es el receptor quien controla si acepta o no el *feedback*, es él quien tiene que dar un sentido a lo que escucha, y es él quien decide si cambia o no. Las personas deberían dejar de ver el *feedback* solo como algo que viene impuesto; en lugar de eso, deberían cambiar su actitud para ver los beneficios que proporciona.

En los últimos 20 años hemos asesorado ejecutivos para que sean capaces de mantener conversaciones difíciles, y hemos descubierto que casi todos, desde veteranos del C-suite hasta recién contratados, tienen dificultades a la hora de recibir esta información. Una evaluación crítica, una sugerencia bien intencionada o un comentario ambiguo («Bueno, tu presentación ha sido interesante») pueden desencadenar una reacción emocional, tensar la relación y detener la comunicación. Pero también tenemos buenas noticias: las habilidades para saber encajar el *feedback* son claras y se pueden aprender. Estas incluyen ser capaces de identificar y gestionar las emociones que se desatan, y de extraer valor de la crítica, incluso cuando no se transmite convenientemente.

Por qué cuesta aceptar el feedback

¿Por qué recibir una crítica constructiva es tan difícil? La dificultad radica en la tensión entre dos necesidades humanas fundamentales: la necesidad de aprender y crecer, y la necesidad de ser aceptado tal y como eres. Como resultado, incluso una sugerencia aparentemente benigna puede hacerte sentir enfadado, ansioso, maltratado o amenazado. Decir «No te lo tomes como algo personal» no suaviza el golpe.

Aprender a encajar este tipo de información empieza con entender y gestionar estos sentimientos. Puedes creer que hay miles de maneras en las que el *feedback* te puede sacar de quicio, pero en realidad solo hay tres:

Los desencadenantes de la verdad se desatan según el contenido del *feedback*. Cuando las evaluaciones o los consejos parecen equivocados, inútiles o simplemente falsos, te sientes indignado, engañado y exasperado.

Los desencadenantes de relaciones los activa la persona que proporciona el *feedback*. Los intercambios a menudo se ven influenciados por lo que opinas de esta persona (¡No tiene ninguna credibilidad en este tema!) y por cómo te sientes a raíz de las interacciones anteriores (Después de todo lo que he hecho por ti, ¿me haces esta pésima crítica?). Incluso rechazarías un consejo que hubieras aceptado si proviniera de otra persona.

Los desencadenantes de identidad tienen que ver únicamente con la relación que tienes contigo mismo. Ya sea cierto o falso, sabio o tonto, el *feedback* puede ser devastador si hace tambalear la noción que tienes de ti mismo. En momentos así, te sentirás abrumado, a la defensiva y desconcertado.

Todas estas reacciones son naturales y razonables; en algunos casos, son inevitables. La solución no es fingir que no las sientes, sino entender qué está ocurriendo y aprender a sacar provecho del *feedback*, incluso si desata uno o más de estos desencadenantes.

Seis pasos para convertirte en mejor receptor

Encajar el *feedback* es un proceso de clasificación y filtro. Tienes que entender el punto de vista de la otra persona, intentar primero con ideas que *a priori* parecen poco adecuadas, y experimentar con distintas maneras de hacer las cosas. También debes descartar o poner en el cajón críticas verdaderamente equivocadas o que ahora mismo no te ayudan en nada.

Pero es prácticamente imposible hacer nada de esto si te encuentras en una reacción desencadenada. En lugar de acompañarte hacia una conversación con matices de la que podrías aprender, estas reacciones te instan a rechazar, a contraatacar o a retirarte.

Los seis pasos siguientes te ayudarán a no desechar *feedback* valioso y —lo que es igualmente perjudicial—a no aceptar y reaccionar ante comentarios que sería mejor que desestimaras. Estos pasos son consejos para el receptor, pero, por supuesto, comprender los retos de recibirlo también ayuda al que lo proporciona a ser más eficiente.

1. Conoce tus tendencias

Has recibido *feedback* toda tu vida, así que sin duda tus reacciones siguen unas pautas. ¿Adoptas una postura defensiva («Esto no es así»), discutes las formas («¿Me lo dices por correo electrónico?») o contraatacas («No me lo esperaba de ti»)? ¿Sonríes por fuera, pero echas humo por dentro? ¿Te saltan las lágrimas o estás lleno de indignación? ¿Y qué papel tiene el paso del tiempo? ¿Lo rechazas en un primer momento, y más tarde lo reconsideras? ¿Lo aceptas enseguida pero después decides que no es válido? ¿Estás de acuerdo desde un punto de vista intelectual, pero tienes dificultades para cambiar tu comportamiento?

Cuando Michael, un ejecutivo de publicidad, escucha a su jefe bromear sobre su falta de profesionalidad, se siente como si recibiera un mazazo. «Me abruma tanta vergüenza», nos dijo, «y me vienen a la memoria todos mis fracasos, como si buscara en Google "qué estoy haciendo mal" y tuviera 1.2 millones de resultados, con anuncios de mi padre y de mi ex. En este estado es muy difícil ver el *feedback* en su verdadera dimensión». Sin embargo, ahora que Michael entiende su pauta de conducta, es capaz de tomar mejores decisiones sobre qué dirección tomar:

«Puedo decirme a mí mismo que estoy exagerando y, generalmente, cuando dejo pasar cierto tiempo, estoy en mejor posición para saber si puedo aprender alguna cosa de esta situación».

2. Separa el «qué» del «quién»

Si el *feedback* es adecuado y el consejo es sabio, no debería importar quién lo ofrece. Pero sí que importa. Cuando un desencadenante de relaciones se activa, mezclando el contenido de los comentarios con tus sentimientos hacia esa persona (o cómo, cuándo o dónde lo hizo), el aprendizaje sufre un cortocircuito. Para evitarlo, tienes que esforzarte para separar el mensaje del mensajero, y después considerarlos a ambos.

Janet, química y jefa de equipo en una empresa farmacéutica, recibió unos comentarios magníficos de sus compañeros y superiores en una evaluación de 360 grados, pero le sorprendió recibir *feedback* negativo de las evaluaciones directas. De inmediato pensó que el problema era de los demás: «Tengo unos estándares altos y algunas de estas personas no pueden manejarlo», recuerda decirse a sí misma. «No están acostumbrados a que alguien les presione.» Así, cambiaba de tema evitando su estilo de gestión y centrándose en la competencia de sus subordinados, lo que no le permitía sacar ninguna lección del impacto que tenía sobre los demás.

Con el tiempo, ella misma se dio cuenta. «Vi que tanto si era problema de su competencia como de mi liderazgo, no eran mutuamente exclusivos, y valía la pena solucionar ambos problemas», explicaba. Fue capaz de separarlos y de hablarlos con su equipo. Con sabiduría, empezó la conversación con el *feedback* que le dieron los demás, preguntándoles: «¿Qué estoy haciendo que dificulta tanto las cosas? ¿Qué podría mejorar la situación?».

3. *Escoge el camino del coaching*

Hay *feedback* que te evalúa («Tienes un 4»); también lo hay que te enseña («Así podrás mejorar»). Todos necesitamos ambos. Las evaluaciones te indican dónde estás, qué puedes esperar y qué se espera de ti. El *coaching* te permite aprender y mejorar, y te ayuda a jugar a más alto nivel.

No siempre es fácil distinguir el uno del otro. Cuando un miembro de la junta directiva llamó a James para sugerirle que empezara la presentación del próximo trimestre al CFO con predicciones analíticas en lugar de proyecciones internas, ¿crees que era una sugerencia para ayudarlo, o crees que fue una crítica intencionada en contra de su manera de proceder habitual? En caso de duda, acostumbramos a pensar en lo peor y a ver incluso un consejo bienintencionado como una evaluación. Es muy probable que sentirte juzgado active tus desencadenantes de identidad, y la ansiedad resultante puede ahogar la oportunidad de aprender. Así pues, cuando sea posible, escoge el camino del *coaching*. Esfuérzate para ver la crítica como un consejo potencialmente valioso que proviene de un punto de vista nuevo, en lugar de verla como una acusación a tu forma de proceder en el pasado. Cuando James adoptó este enfoque, «la sugerencia contenía menos carga emocional», nos dijo. «Decidí verla como una simple indicación de cómo un miembro del consejo de administración podría digerir mejor la información trimestral».

4. Analiza el feedback

A menudo, no es fácil determinar de inmediato si el *feedback* es válido y útil. Así que, antes de aceptarlo o rechazarlo, analízalo brevemente para comprenderlo mejor.

Veamos este ejemplo hipotético. Johann, un compañero de Kara con más experiencia en el departamento de ventas, le dice que necesita «ser más asertiva». La reacción de Kara podría ser de rechazo («Creo que ya soy bastante asertiva»). O podría ser de aceptación («Es verdad, debería serlo»). Pero antes de tomar una decisión, tiene que entender lo que Johann pretende comunicarle. ¿Quiere decir que debería dar su opinión con más frecuencia, o solo hacerlo con más convicción? ¿O que debería sonreír más o menos? ¿Debería tener la seguridad en sí misma para admitir que desconoce alguna cosa, o de simular que la conoce?

Incluso el simple consejo de «ser más asertiva» resulta de un conjunto muy complejo de reflexiones y opiniones que Johann ha hecho mientras observaba a Kara en reuniones y con clientes. Kara necesita ahondar en esta sugerencia generalizada y descubrir qué es lo que la originó en primer lugar. ¿Qué vio Johann que Kara hizo o dejó de hacer? ¿Qué es lo que él esperaba, y qué le preocupa? En otras palabras, ¿de dónde procede este comentario?

Kara también necesita saber qué propósito tiene este comentario —exactamente qué quiere Johann y por qué—. Después de una charla, es posible que Kara admita que es menos asertiva que otros, pero quizá no esté de acuerdo con que debería cambiar. Si todos sus mejores vendedores son tranquilos, humildes y muy meticulosos con las necesidades de los clientes, la percepción de Kara de lo que es un buen vendedor podría ser muy diferente del ideal de Johann de *Éxito a cualquier precio.*

Cuando te apartas de los juicios precipitados y te tomas tu tiempo para explorar de dónde procede el *feedback* y dónde quiere llevarte, puedes empezar una conversación rica e informativa acerca de cuáles pueden ser las mejores prácticas —tanto si has decidido aceptar el consejo como si no—.

5. Pide una única cosa

Es probable que el *feedback* no desate tus desencadenantes emocionales si lo solicitas y lo diriges tú mismo. Así pues, no esperes hasta tu evaluación anual de rendimiento. Busca oportunidades para ir recibiéndolo y para que puedas aprender de distintas personas a lo largo del año. No lo pidas invitando a la crítica con una pregunta pesada y poco concreta como «¿Tienes algún *feedback* para mí?» Al contrario, intenta que el proceso sea más fácil preguntando a un colega o a un superior: «¿Qué crees que hago (o que no hago) que me impide avanzar?». Puede que esta persona mencione lo primero que le pase por la cabeza, o que te diga lo que cree que es más importante. En cualquier caso, recibirás información concreta y podrás intentar ser más específico a tu propio ritmo.

Roberto, un gestor de fondos de una empresa de servicios financieros, encontró que el proceso para su evaluación de 360 grados fue abrumador y confuso. «Fue frustrante recibir dieciocho páginas de esquemas y gráficos, sin la posibilidad de tener un seguimiento para esclarecer el *feedback*», nos dijo, añadiendo que el proceso lo dejó en una posición incómoda respecto a sus compañeros.

Ahora Roberto acude a dos o tres personas cada trimestre para preguntarles en qué podría trabajar para mejorar. «No coinciden, pero con el tiempo voy escuchando cosas y esto me permite conocer mejor mis límites», explica. «Y tengo muy buenas conversaciones con mi superior, mi equipo e incluso con algunos compañeros con los que no tengo tan buena relación. No les molesta decirme algo que podría cambiar, y a menudo están en lo cierto. Nos ayuda a trabajar juntos con más fluidez.»

Los estudios han demostrado que aquellos que buscan explícitamente el *feedback* crítico (es decir, los que no solo tiran el anzuelo para recibir halagos) acostumbran a tener tasas de rendimiento más elevadas. ¿Por qué? En gran medida, creemos, porque alguien que pide *coaching* es más propenso a aceptar lo que se le dice y a hacer lo necesario para mejorar. Pero también porque, cuando solicitas *feedback*, no solo descubres cómo te ven los demás, sino que también *influyes* en cómo te ven. Solicitar crítica constructiva transmite humildad, respeto, pasión por la excelencia y seguridad en uno mismo, todo a la vez.

6. Prueba con pequeños experimentos

Una vez hayas practicado cómo solicitar y entender *feedback*, puede que todavía te resulte difícil discernir entre los consejos que te ayudarán de los que no. Te proponemos que hagas pequeños experimentos para descubrirlo. Aunque puedas dudar de la utilidad de algún consejo, si el riesgo de desventaja es pequeño y el potencial es elevado, vale la pena intentarlo. James, el CFO del que hablamos antes, decidió aceptar el consejo del miembro del consejo para la próxima presentación y observar lo que ocurría después. Algunos directores se mostraron satisfechos, pero el cambio de formato instó a otros a hacer sus propias sugerencias. Actualmente, James utiliza ingeniería inversa en sus presentaciones con el fin de ajustarse a los asuntos que más inquietan a los miembros del consejo. Les envía un correo electrónico una semana antes preguntándoles qué les preocupa más y, nada más empezar, o bien responde a estas cuestiones, o bien señala que las tratará más adelante. «Preparar la presentación es más exigente, pero llevarla a cabo es más fácil », explica. «Ahora, invierto menos tiempo respondiendo preguntas inesperadas, que era la parte más dura del trabajo.»

Este es un ejemplo que vale la pena seguir. Cuando alguien te da un consejo, pruébalo. Si funciona, genial. Si no, puedes volver a intentarlo ajustando la estrategia, o puedes dar por terminado el experimento. Nunca es fácil aceptar la crítica. Incluso cuando sabes que es esencial para tu desarrollo, y que la persona que te la ofrece quiere ayudarte, puede activar desencadenantes psicológicos. Quizás te sientas profundamente incomprendido, engañado o incluso amenazado.

Tu crecimiento depende de tu habilidad de sacar provecho de las críticas a pesar de tus reacciones naturales y, de la voluntad de conseguir más consejos y *coaching* de tus superiores, compañeros y subordinados. Se les puede dar bien o mal aconsejarte, o puede que no tengan demasiado tiempo, pero tú eres el factor más importante para tu propio desarrollo. Si estás decidido a aprender de cualquier *feedback* que recibas, nadie podrá detenerte.

SHEILA HEEN y DOUGLAS STONE son cofundadores de Triad Consulting Group y profesores de negociación en Harvard Law School. Son también autores de *Thanks for the Feedback: The Science and Art of Receiving Feedback Well*, de donde se ha adaptado este artículo.

Reimpresión de *Harvard Business Review*, enero-febrero de 2014 (producto #R1401K).

11

Shakespeare nos muestra cómo debería ocurrir el crecimiento personal

Declan Fitzsimons

Norman Mailer escribió que existe una ley de vida, cruel pero justa, que sostiene que debemos cambiar o pagar un precio cada vez más alto para permanecer como estamos.

Como académico de liderazgo y profesor en una escuela de negocios, me encuentro a diario con líderes para quienes esta «ley» es muy real y preocupante. Saben bien qué ocurrirá si no hacen los cambios necesarios en sus negocios, pero no están seguros de lo que *ellos* deben hacer para respaldar estos cambios. ¿Es cuestión de aprender a dirigir reuniones de equipo más eficientes? ¿O de escuchar mejor? ¿O de adoptar un estilo de liderazgo distinto para propiciar un cambio en la cultura de la organización?

Sabiendo que no existe una fórmula exacta para responder estas preguntas, hay unos fundamentos sin los cuales ninguna capacidad de desarrollo nunca puede funcionar. Una fuente para conocerlos es la obra de uno de los autores que no ha dejado de publicarse en los últimos 400 años: William Shakespeare.

En el primer capítulo del libro *Shakespeare: The Invention of the Human*, Harold Bloom, que ha enseñado Shakespeare en Yale durante más de 30 años, señala que, antes de Shakespeare, los personajes de teatro se desplegaban, pero no necesariamente *se desarrollaban*.

Si los personajes simplemente se despliegan, intuimos que ya sabemos todo sobre ellos nada más salir al escenario. Sus autores les han robado la única cualidad que los haría interesantes: la capacidad de autoindagación, que podría revelar algo inesperado no solo para nosotros, sino para ellos mismos. Nos enseñan muy poco porque no pueden sorprendernos, esencialmente porque no pueden sorprenderse a sí mismos. Este es el equivalente en la vida real del directivo que sale de una sesión de *feedback* y piensa: «Nada nuevo, lo mismo de siempre», y que luego se dice a sí mismo: «¡Supongo que soy lo que soy!» o «Tengo mi propia manera de hacer las cosas, a algunos les agrada y a otros, no».

Pero Shakespeare no nos lo pone tan fácil. Nos muestra que no somos simplemente lo que decimos que somos, sino que estamos hechos de muchas partes opuestas y desconocidas. Como expone Bloom, los personajes de Shakespeare se desarrollan porque tienen la capacidad de *escucharse* a sí mismos mientras hablan —tanto si hablan consigo mismo como si lo hacen con los demás— y son capaces, así, de *reconcebirse*. Dotando a sus personajes con mundos interiores complejos, Shakespeare nos deleita, 400 años antes de Freud, con muestras virtuosas de lo que ahora identificaríamos como el descubrimiento de uno mismo. No existe un solo Hamlet, sino múltiples. Tras conocer la muerte de su padre, Hamlet descubre en soliloquios de una intensidad sobrecogedora que no podría soportar permanecer tal como es. Está tan torturado por sus conflictos interiores que considera, en lo que puede ser el soliloquio más famoso de la literatura, las ventajas y los inconvenientes de suicidarse («Ser o no ser»).

Estamos cautivados no solo por la belleza del lenguaje, sino porque nos damos cuenta de que Hamlet está pronunciando esas palabras *por primera vez*. Y no importa cuántas veces veamos la obra, nunca nos cansamos de verla, porque es en momentos como este que Hamlet, a punto de derrumbarse, es a la vez exquisitamente vulnerable y verdaderamente humano.

A través de Hamlet y otros personajes, Shakespeare nos muestra no solo el *sine qua non* del desarrollo humano —que para poder cambiar antes debemos descubrirnos a nosotros mismos—, sino también cómo es, cómo suena y cómo se percibe este desarrollo. Nos revela que es justo en el momento en que Hamlet está cerca de desmoronarse cuando es capaz de levantarse. Asimismo, cuando el joven príncipe Hal de la segunda parte de *Enrique IV* se convierte en rey, reniega de sus antiguos compañeros y de su talante derrochador («No presumas que soy lo que fui») y empieza la extraordinaria transformación del príncipe derrochador al Rey Enrique V, héroe de Azincourt.

En nuestro caso, muy lejos de la intensidad dramática de los personajes de ficción, no se trata de que podamos cambiar solo si contemplamos el suicidio o si damos la espalda a nuestros amigos; el cambio más bien implica un acercamiento hacia las ansiedades que los poderosos retos externos provocan en nuestros mundos internos, en lugar de alejarnos de ellas. Hamlet fue capaz de enfrentarse a su propia inercia y cobardía; Hal pudo confrontar y luego transcender su estilo de vida disoluto, y adoptar una nueva identidad propia de un rey. Pero ambos cambios fueron posibles solo después de que los personajes quisieran descubrir qué ocurría en su interior.

Shakespeare nos enseña a los modernos que, delante de un mundo incierto, la autoconciencia —esta cualidad de liderazgo de la que tanto alardeamos— únicamente merece llamarse así cuando es reveladora. Y solo puede serlo cuando estamos dispuestos a admitir que solo nos conocemos parcialmente.

Entonces, el desarrollo no consiste tanto en cambiarnos a nosotros mismos aprendiendo nuevas competencias, sino en descubrirnos a nosotros mismos renunciando a algo —incluso a esas nociones más preciadas que tenemos sobre la persona que creemos ser— con el fin de descubrir la persona que podemos llegar a ser.

DECLAN FITZSIMONS es profesor asociado de comportamiento organizacional en INSEAD. Es investigador y asesor para empresas que planifican e implementan el liderazgo compartido.

Reimpresión de hbr.org, originalmente publicado el 30 de enero de 2017 (producto #H03F8L).

Índice

Notas

Notas

Notas

Notas

Notas

Notas

EMPATÍA
FELICIDAD
MINDFULNESS (Atención plena)
RESILIENCIA
EL AUTÉNTICO LIDERAZGO
INFLUENCIA Y PERSUASIÓN
Cómo tratar con GENTE DIFÍCIL
LIDERAZGO (Leadership Presence)
PROPÓSITO SENTIDO + PASIÓN
AUTO CONCIENCIA
FOCUS
SABER ESCUCHAR
CONFIANZA
PODER + INFLUENCIA
IE VIRTUAL

Guías Harvard Business Review

En las **Guías HBR** encontrarás una gran cantidad de consejos prácticos y sencillos de expertos en la materia, además de ejemplos para que te sea muy fácil ponerlos en práctica. Estas guías realizadas por el sello editorial más fiable del mundo de los negocios, te ofrecen una solución inteligente para enfrentarte a los desafíos laborales más importantes.

Monografías

Michael D Watkins es profesor de Liderazgo y Cambio Organizacional. En los últimos 20 años ha acompañado a líderes de organizaciones en su transición a nuevos cargos. Su libro, **Los primeros 90 días**, con más de 1.500.000 de ejemplares vendidos en todo el mundo y traducido a 27 idiomas, se ha convertido en la publicación de referencia para los profesionales en procesos de transición y cambio.

Todo el mundo tiene algo que quiere cambiar. Pero el cambio es difícil. A menudo, persuadimos, presionamos y empujamos, pero nada se mueve. ¿Podría haber una mejor manera de hacerlo? Las personas que consiguen cambios exitosos saben que no se trata de presionar más, o de proporcionar más información, sino de convertirse en un catalizador.

Stretch muestra por qué todo el mundo -desde los ejecutivos a los empresarios, desde los profesionales a los padres, desde los atletas a los artistas- se desenvuelve mejor con las limitaciones; por qué la búsqueda de demasiados recursos socava nuestro trabajo y bienestar; y por qué incluso aquellos que tienen mucho se benefician de sacar el máximo provecho de poco.

¿Por qué algunas personas son más exitosas que otras? El 95% de todo lo que piensas, sientes, haces y logras es resultado del hábito. Simplificando y organizando las ideas, **Brian Tracy** ha escrito magistralmente un libro de obligada lectura sobre hábitos que asegura completamente el éxito personal.